AF554291

ÉPINES

OTÉES DE DESSUS LE TOMBEAU

DE LOUIS XVI,

ROI DE FRANCE ET DE NAVARRE,

OU

RÉFUTATION

D'UN OUVRAGE INTITULÉ

Une fleur sur le tombeau de Louis XVI &c.

PAR M. L'ABBÉ MOUTET....

Latet anguis in herbâ. Virgil.

A BRUXELLES.

1793.

AVANT-PROPOS.

Quoique le titre de réflexions, que je vais exposer, présente d'abord l'idée d'une critique sévere contre l'ouvrage intitulé une fleur sur le tombeau de Louis XVI, *je dois cependant prévenir que mon objet principal est de rendre, à la mémoire de mon roi, le tribut d'hommage que tous les bons Français et l'univers entier rendent à ses vertus, en déplorant ses malheurs. A la vérité, j'ai été étonné du peu de réserve avec laquelle l'auteur d'*une fleur *s'est permis d'avancer des principes faux et dangereux. Je ne l'ai pas été moins des expressions* philosophiques *et impies dont il les enveloppe, et que devaient lui interdire également les circonstances et son sujet. Il a même ajouté l'injustice à ses égaremens, en louant ceux qui ne méritent que le blâme, et en blâmant ceux qui ne méritent que des éloges.*

J'ai cru devoir relever les principaux écarts d'un écrivain qui s'est servi de la même doctrine des monstres qu'il aurait dû combattre. Si mon Ouvrage peut être appellé une censure, je declare que ce n'est pas dans cet esprit que j'ai voulu l'entreprendre, encore moins par rivalité ou par vengeance. Hé fut-il d'époque qui défendit plus impérieusement aux gens de bien des dissentions polémiques que les circonstan-

ces affreuses et inouies dans lesquelles nous nous trouvons ! Non, non ce n'est pas une guerre de plume que nous entreprendrons, tandis que notre malheureuse patrie est depuis si longtemps déchirée, et sera peut-être anéantie par une guerre de sang.

L'auteur dont je réfute les mauvais principes semble avoir pris à tâche de n'employer ni les maximes ni le nom même de la Religion, quoiqu'elle fut nécessairement liée à son sujet (a). *J'ai cru devoir substituer à ses expressions et à ses sophismes philosophiques* (b) *des principes et des pensées puisés dans les Livres sacrés* (c). *Mon Ouvrage sera peut-être appellé un Sermon, qu'importe ? mon dessein est de dire la vérité, et loin de l'exclure, les Sermons imposent la loi de la faire connaître ; l'indifférence pour la Religion étant d'ailleurs une des premieres causes de nos maux : y ramener ne peut qu'être utile, dans un siecle où la masse même des lumieres a produit l'aveuglement.*

(a) Si cet auteur nomme la Religion, ce n'est que dans deux notes, et d'une maniere si vague, si générale et en même temps si brieve, qu'on voit bien qu'il a été contraint de la citer malgré lui, en parlant de Louis XVI.

(b) Ecclesiast. 37·23. — (c) Rom. 15·4.

RÉFUTATION

D'UN OUVRAGE INTITULÉ

UNE FLEUR SUR LE TOMBEAU DE LOUIS XVI &c.

CHAPITRE I.

De la FLEUR SUR LE TOMBEAU DE LOUIS XVI.

JE me suis transporté *sur le tombeau de Louis XVI*, pour admirer la *fleur* qu'on y avait placée. Mais quelle a été ma surprise ! lorsque parcourant, avec des yeux mouillés de larmes, toute la surface de ce sol sacré je n'ai pu y découvrir qu'une plante vénéneuse, environnée de ronces et d'*épines*.

Est-ce là, me suis-je dit, cette prétendue *fleur* qui devait embaumer l'univers ? Est-ce là, me suis-je écrié, ô mon roi ! la *fleur* qui devait vous tenir lieu de couronne ? Est-ce là cette *fleur* dont la beauté devait *dessiller les yeux* même de vos bourreaux ? Mais elle ressemble à celles qu'ils vous offrent eux-mêmes ! Vos fideles sujets permettront-ils qu'on commette, au milieu d'eux, de pareils attentats contre votre mémoire? Pleins d'une juste indignation, ils ne le souffriront pas sans doute? Animé des mêmes sentimens, je ne vous offre pas *une fleur,* mais je viens arracher les *épines* de celle qu'on a osé vous présenter. Je ne vous offre pas *une fleur,* mais je viens cultiver, mais je viens arroser de mes pleurs, celle qui vous fut toujours chere; celle qui, au rapport de l'éternelle Vérité, n'a besoin *ni de travail ni de sollicitude*, pour soutenir son existence, et dont l'éclat naturel *surpasse même la magnificence de Salomon* (1): c'est-là cette *fleur* qui vous fut destinée avant votre naissance, offerte dans le berceau et qui décorera encore bientôt, et pour toujours, la tombe sacrée, quoique profanée, qui contient vos dépouilles ou vos cendres!

Hé quelle autre *fleur* fut plus digne de vous que le LYS, en qui tout annonce et tout ce que vous fûtes et tout ce que vous êtes! Sa blancheur est l'emblême de la candeur de votre ame; sa suavité, celui de l'odeur de vos vertus: dans ses effets bienfaisans, on croit reconnaître la bonté de votre cœur; dans son nom, l'attribut de votre royauté; dans sa tige la forme de votre sceptre; dans sa beauté, la splendeur de votre couronne: s'il meurt, c'est pour revivre plus beau, ou plutôt il ne meurt jamais. Tel est aussi, ô mon roi! le caractere de vos vertus; elles sont immortelles; telle

(1) Matth. 6.28.

est aussi la nature de votre puissance, elle meurt en vous, pour renaître aussitôt dans un autre vous-même; et si la mort a été forcée d'accélérer sa course, pour venir rompre le fil de vos jours, vous n'êtes expiré dans les supplices, au milieu des tigres, que pour commencer un bonheur éternel, dans le sein même de la Divinité.

CHAPITRE II.

*Principes de fatalité, de l'auteur d'*UNE FLEUR.

L'AUTEUR d'*une fleur* veut prouver que tous les hommes sont sujets à des revers, à des malheurs; mais il veut les faire dépendre du *sort*, du *destin*, de *l'influence des étoiles*, d'*une loterie de biens et de maux*, par conséquent du hasard dont il prétend que *nous courons les chances*, &c. Si quelqu'un de nos impies traitait le même sujet, il se servirait sans doute de ces folles maximes; elles sont conformes à leurs sentimens et leur langage ordinaire: ils se sont même exclusivement appropriés cette extravagante doctrine qui a pris naissance avec le paganisme, a engendré l'incrédulité et en propage les systêmes; aussi ces expressions, d'ailleurs vides de sens, devraient être exclues non-seulement d'un éloge funéraire du plus religieux des rois mais même de tous les écrits qu'on voudrait rendre utiles.

Ainsi pour parler dignement de l'infortuné Louis XVI, il est bien plus conforme à sa vie et à sa mort, et sur-tout à son siecle, d'employer les sentimens et même les expressions de la Religion (2); elle fut son seul soutien et sa seule consolation, il en fut le défenseur et le martyr. Il ne faut plus qu'un respect-humain criminel et un préjugé impie nous empêchent de parler de Dieu et de la sainteté de la Morale chrétienne toutes les fois que nous en trouverons l'occasion : il ne faut plus craindre les sarcasmes insensés de la légereté et de l'étourderie de ces hommes qui se font une gloire d'être ou du moins de paraître irréligieux; qui ne liront quelque fragment d'un ouvrage, qui aura des caracteres de Religion, que pour le tourner en ridicule, et l'abandonner ensuite aux dévots et aux simples. Non, non ce ne sera plus désormais la conduite, encore moins les sentimens de cette partie saine de la nation française qui a tout sacrifié pour professer, de la maniere la plus authentique, son entier dévouement à la cause de son Dieu et de son roi.

Au lieu donc de dire, comme l'a si improprement fait l'auteur d'*une fleur*, que *tous les hommes sont soumis à l'influence d'une étoile heureuse ou malheureuse*, je dirai que, tous les hommes et toutes les créatures étant l'ouvrage de Dieu seul (3), tout aussi dans la nature ne dépend et ne peut dépendre que de la vo-

(2) Ecclesiast. 12-10. — (3) Joann. 1-3.

lonté de Dieu seul (4); que l'homme étant le plus parfait ouvrage du Créateur, puisqu'il est son image (5), ne peut être soumis à l'influence d'aucun être inférieur à sa nature (6): je dirai que tout ce qui a été créé l'a été pour les besoins et l'usage de l'homme (7); que l'homme est aussi le seul qui en connaisse tout le prix, qui en admire toute la magnificence, qui en publie la cause, qui en sache les différentes propriétés, qui en calcule les distances, qui en fixe les révolutions, qui en prédise les phénomenes: je dirai que les étoiles étant dépendantes de Dieu, et d'ailleurs inanimées, ne peuvent nullement influer sur le bien ou le mal qui peuvent arriver à l'homme.

Il n'y a donc, et ne peut y avoir, dans le monde, ni fortune, ni sort, ni hasard, ni astre dominant. *Rien ne domine que Dieu.* (8) *Les étoiles*, dit un Prophete, *marchent à son ordre. Chacune luit dans le poste qu'il lui a assigné. Il les appelle par leur nom et il veut qu'elles repondent* nous voilà, *elles se réjouissent et luisent avec allégresse pour celui qui les a faites. Voilà*, continue le même prophete, *quel est notre Dieu, et rien de ce qui existe ne peut entreprendre la moindre chose contre lui.* (9)

Pourquoi donc vouloir établir en principe que les étoiles ont une influence réelle sur

(4) Sapientia, 12-13. — (5) Gen. 1-27.
(6) Ecclesiast. 17-4. — (7) Gen. 1-29.
(8) I Timoth. 6-15. — (9) Baruch, 3-34...

les hommes ? Pourquoi méconnaître ainsi la puissance souveraine du Créateur, en attribuant à sa créature ce qui ne peut venir que de lui seul, et ce qu'il est si jaloux qu'on n'attribue qu'à lui seul. *C'est moi*, dit-il, dans Isaïe, *qui forme la lumiere ; qui crée les ténebres, qui fais la paix et qui crée le mal* (physique) : *oui c'est moi le Seigneur qui fais toutes ces choses* (10). *Ecoutez*, dit-il ailleurs, *maison d'Israël, ne marchez point dans les voies des gentils ; ne craignez point les signes du ciel, que les gentils craignent : la foi de ces peuples est vaine* (11). Aussi lorsque les aveugles enfans d'Israël attribuerent au destin, à la fortune, les prospérités et les adversités de la vie, le Prophete alla de la part de Dieu leur interdire ces abominations. Ils furent sourds à sa voix. Alors *le seigneur Dieu jura par son nom redoutable qu'il ne serait plus invoqué par les Juifs qui étaient dans l'Egypte et que tous ceux de Juda qui s'y trouveraient serait consumés par le glaive et par la famine, qui les poursuivraient jusqu'à ce qu'ils fussent entierement détruits* (12).

Voilà la punition d'un crime, dont on ne devait pas s'attendre de retrouver la doctrine à la tête d'un éloge du religeux Louis XVI. L'auteur ne se borne pas à établir de si mauvais principes ; il leur donne encore une extention et en tire des conséquences qui ne peuvent laisser aucun doute qu'il voudrait inspirer à

(10) Isa. 45. 7. (11) Jerem. 10. 1. (12) Ib. 44. 15.

ses lecteurs ces sentimens de fatalité, dont il paraît être lui-même si intimément pénétré. Il les reproduit sous toutes les faces et sous tous les différens noms que l'incrédulité a inventés pour éloigner les hommes de l'idée d'un Dieu, en attribuant à toute autre cause qu'à lui seul les événemens de la vie.

Oui, c'est l'incrédulité qui a engendré tous ces écarts ; car rien dans la nature n'en peut indiquer d'autre source. En matiere de religion, ces sortes de principes sont une véritable impiété. En morale une superstition. En physique une absurdité. En politique un renversement général. Devant Dieu un blasphême qui était puni de mort dans la loi de Moïse (13) : devant les hommes une erreur contre laquelle les loix décernent les peines les plus séveres et que l'Eglise a si souvent frappée de ses anathêmes ; et on voit revivre ces productions infernales dans un siecle où tout devrait s'armer pour effacer jusqu'aux traces qui en restent encore ! on voit reproduire ces monstruosités dans un ouvrage qui n'aurait dû que les combattre ! Quoi ! dans un éloge fait pour préconiser les vertus et la vie d'un saint roi, devait-on trouver, établie en principes, la doctrine des impies qui lui ont donné la mort ? et quel est l'homme assez téméraire qui eût osé tenir à Louis XVI le langage de son soi-disant panégyriste ? Je lui demande à lui-même s'il eût dit à ce religieux monarque au pied de

(13) Deuter. 18-12.

l'échafaud, comme dans sa prison, que tous ses malheurs n'étaient que l'effet nécessaire du résultat *de la loterie des biens et des maux*, qui lui était tombé en partage ? que c'était *l'influence de son étoile malheureuse* qui déployait sur lui toutes les adversités que *le sort lui destina* ? De pareilles extravagances peuvent convenir à ceux qui en admettent les principes, qui ne voient dans les infortunes de la vie qu'une *fatalité* qui les poursuit, et dans l'avenir que l'anéantissement total de leur nuble substance. (14)

Mais ce n'est pas à un parfait Chrétien, tel que l'a toujours été Louis XVI, qu'il eût fallu parler de la sorte. Ce n'est pas, sans doute, ce que l'auteur d'*une fleur* eût eu la hardiesse de lui dire, quoiqu'il ait eu la témérité de l'écrire. Ha ! ce n'est pas dans de pareils sophismes que ce saint roi aurait trouvé tant de patience dans ses maux, tant de résignation dans ses peines, tant de courage dans ses adversités, tant de modération dans sa conduite, tant d'indulgence pour ses ennemis, tant de sujets de consolation pour ses amis, tant de gloire dans sa vie, au sein même de ses humiliations et de ses opprobres, tant de grandeur dans sa mort, au milieu même de ses bourreaux !

Non ce n'est que la Religion seule qui a pu le rendre si grand, lorsque tout ce qui était humain semblait concourir à le rabaisser. Ce

(14) Prov. 11 7.

n'est aussi que dans la Religion seule qu'il puisa sans cesse les regles de sa conduite. (15) C'est la Religion seule qui lui apprit à mépriser la mort, parce que *les rois qui sont aujourd'hui sur le trône seront peut-être demain dans le tombeau* (16) : aussi ne l'a-t-il jamais redoutée pour lui, mais seulement pour les autres, même pour ses ennemis. C'est la Religion seule qui lui avait appris que *c'est Dieu*, non le hasard, *qui change les temps et les âges, qui établit les royaumes et les détruit quand il veut* (17). Aussi n'attribua-t-il jamais qu'à Dieu seul les malheurs de son regne. C'est la Religion seule qui lui apprit que *Dieu punit ici bas, même par les supplices, sur les rois et les princes, les iniquités des peuples* (18). Aussi parfaitement résigné à être la victime des crimes de ses sujets, on le vit plutôt aller au-devant des coups, qui devaient le frapper, que de s'efforcer, comme il l'aurait pu, à les faire tomber sur d'autres. C'est la Religion seule qui lui apprit que *celui qui craint le Seigneur ne sera épouvanté de rien, parce qu'il a mis en Dieu seul toutes ses espérances* (19) : aussi dans tous les genres de tourmens que lui firent endurer ses tyrans, il conserva toujours ce sang-froid, cette tranquillité d'ame, d'esprit et de cœur, qui a étonné ses bourreaux et qui ne peut être donnée qu'à la seule vertu. Enfin il n'attribua rien *du hasard, au destin, aux astres ou à la fortune*, il ne vit comme Job

(15) Ps. 59. (16) Eccl. 10-12. (17) Dan. 2-21. (18) Num. 25-4. — (19) Ecclesiast. 34-16.

que la main de Dieu, appesantie sur lui, et c'est ce qui lui fit dire souvent avec ce prince *le Seigneur m'avait donné tout ce que je possédais, il lui a plû de me l'ôter : il a fait en cela ce qu'il a voulu, que son S. Nom soit béni!* (20)

CHAPITRE III.

Pretendu bon-mot de Thomas Payne, adopté mal-à-propos.

L'AUTEUR d'*une fleur* prétend que *Thomas Payne a fait, sans le vouloir, le plus bel éloge de Louis XVI, en disant que s'il fut né fermier, c'eût été le plus honnête homme de son canton.* Je n'aime pas plus l'admirateur de ce prétendu bel-éloge que l'auteur qui l'a fait. J'ajoute que l'admirateur est plus coupable que l'auteur. Que voit-on, en effet, dans cet éloge sorti de la bouche d'un ennemi des rois; d'un des plus grands partisans de tous les principes destructeurs; d'un homme enfin élancé dans la carriere de tous les crimes? On voit que les ennemis même de Louis XVI ont rendu, malgré eux, un témoignage non suspect à ses vertus et à sa probité: mais on voit, en même temps, qu'ils ont voulu le représenter comme indigne de regner; comme n'ayant, d'après même ce prétendu bel-éloge, aucune des qualités qui constituent un véritable roi. Voilà évidemment ce qu'a voulu dire

(20) Job, 1-21.

Thomas Payne, et ce qu'ont bien entendu et applaudi les usurpateurs de la royauté. Mais un Français, qui veut faire profession des bons principes, peut-il en admirer et en approuver de si injustes ? Un Français, qui prétend être *le premier qui a jeté des fleurs sur le tombeau de Louis XVI*, peut-il avoir la hardiesse de vouloir ternir ainsi et même anéantir toutes ses qualités royales ? Peut-il donner, après la mort de ce bon roi, pour son *plus bel eloge*, ce qui a déchiré son ame pendant sa vie ? ce qui l'a précipité du trône et l'a fait monter sur l'échafaud ? Ha ! c'est un de ces attentats à la mode du siecle, que la licence et l'impunité enhardissent à commettre, mais que la saine raison et la justice improuvent et condamnent.

Par un effet sans doute de l'enthousiasme où l'a plongé *la fleur de Thomas Payne*, l'auteur d'*une fleur sur le tombeau* est tombé dans une contradiction manifeste. Il dit *un souverain ne differe d'un pere de famille que parce que la sphere qu'il a à parcourir est plus vaste. Ainsi celui qui, comme particulier, administre sagement son intérieur, celui-là placé sur un point plus elevé, sur le trône enfin, n'atteindra-t-il pas le même but, puisqu'il a toutes les qualités nécessaires : une probité stricte, une économie sage et eclairée, des vues droites, et sur-tout un cœur embrâsé de l'amour du bien et de celui de ses inférieurs.*

Mais si Louis XVI dans une condition inférieure *eût été le plus honnête homme de son canton, et eût sagement administré son intérieur, pourquoi placé sur un point plus élevé, sur le trône enfin, n'aura-t-il pas pu atteindre le même but?* il avait pour cela d'ailleurs *toutes les qualites nécessaires* dont parle l'auteur *d'*UNE FLEUR. *Une probité stricte:* il n'a jamais commis une seule injustice, et il n'y eut peut-être pas d'homme plus éloigné d'en commettre. Il eut, autant qu'il lui fut possible, *une économie sage et éclairée:* il supprima presque toute sa maison à son avénement au trône; il ne construisit aucun édifice, ne fit que des voyages indispensables, n'entretint aucune intrigue. Il eut *des vues droites:* il ne se proposa jamais, dans tout ce qu'il entreprit, que le bonheur de son royaume; ce serait peut-être diminuer de l'énergie de ce sentiment, qui l'anima toujours, que de vouloir en produire des preuves. Il eut sur-tout *un cœur embrâsé de l'amour du bien et de celui de ses inférieurs:* que n'a-t-il pas fait pendant tout son regne, pour prouver qu'il ne voulait que le bien; qu'il ne desirait que le bien, dans toutes ses démarches. On peut bien dire qu'il l'eut même trop, s'il est possible, cet amour du bien et de ses inférieurs; puisque n'ayant à faire qu'à des ingrats il a été la victime de sa bonté, lors même qu'il donnait les plus grandes preuves de son amour.

Louis XVI eut donc toutes les qualités qui, d'après l'auteur d'*une fleur*, pourraient rendre un simple particulier capable de regner. Cet auteur est donc en contradiction avec ses propres principes, en admettant celui qui ne reconnait évidemment dans Louis XVI aucune qualité royale.

Après une conséquence si fausse et si injuste de ses principes, l'auteur d'*une fleur* en déduit encore une également répréhensible : *et quoi*, dit-il, *y a-t-il donc tant de différence entre un roi et un autre homme que les qualités qui rendent l'un recommandable ne fissent aussi estimer l'autre ?* Nous convenons sans doute avec lui que la vertu est recommandable dans tous ceux qui la pratiquent, qu'elle que soit leur condition ou leur naissance ; mais nous convenons aussi que dans un temps où on ne parle que d'égalité, où les principes destructeurs de toute autorité sont si en vogue : dans un temps où tout le monde se mêle de parler des rois ; de juger leurs talents, leur conduite &c. il paraît bien inutile et même dangereux de les confondre sans cesse avec ceux qui ne doivent se regarder que comme leurs sujets, et jamais leurs égaux, sous aucun point de vue.

Et certe, cette exclamation, même sous le point de vue du mérite de la vertu, est on ne peut plus déplacée en parlant de Louis XVI. Je ne craindrai pas en effet d'avancer que ce monarque a été autant au-dessus des autres hommes par ses vertus qu'il le fut par sa puissance. Aussi je doute s'il a jamais existé un mortel qui élevé, de droit, au plus haut degré de gloire d'une part, et précipité, sans l'avoir mérité, dans le plus profond avilissement de l'autre, je doute, dis-je, s'il en a jamais existé qui eut eu constamment toute la grandeur d'ame, et toute la vertu qu'a toujours montré Louis XVI.

CHAPITRE IV.

*Une des vertus de Louis XVI, considérée comme défaut par l'auteur d'*UNE FLEUR.

ON serait tenté de croire que l'auteur d'*une fleur* a plutôt voulu faire la censure que l'éloge de Louis XVI. On voit dans son ouvrage un mêlange même fautif de vertus et de vices, qu'aucune espece de raison ne saurait justifier. Il dit : *Louis XVI avait un défaut qui tenait peut-être autant à son éducation qu'à son caractere. Il se méfiait trop de lui-même, et n'osait jamais prendre une résolution d'après ses propres idées.* Je ne discuterai pas ici tous les différents rapports qui prouveraient la fausseté ou du moins l'exagération d'un jugement si sévere ; mais je dirai que, dans un éloge quelconque, on ne doit pas déclarer défaut ce dont la personne qu'on préconise se faisait un devoir, sur-tout si ce prétendu défaut doit être, généralement parlant, considéré comme une vertu. Tel est celui dont il s'agit ici. Quand on ne trouve pas dans ses talents assez de moyens pour se décider par soi-même, il est doublement méritoire et d'avouer son insuffisance et de chercher dans les autres des lumieres qu'on ne croit pas avoir soi-même. D'ailleurs se méfier de celles qu'on a, qu'elles qu'elles soient ; tâcher d'en acquérir de nouvelles: ne pas abonder dans son sens, ne jamais se décider d'après ses opinions et sa maniere de voir, sont des principes que la nature a gravés dans tous les cœurs bien nés. L'expérience même de tous les jours en a établi, chez tous les peuples, la nécessité et la sagesse.

Louis XVI l'eut ce cœur bien né qui lui fit reconnaître cette sagesse et cette nécessité de se méfier de lui-méme. Il le devait, parce qu'il n'avait, ni ne pouvait avoir, par lui-même une connaissance parfaite de tous les grands objets qui l'obligeaient sans cesse d'interposer sa puissance. Mais il faut dire également à sa gloire que, quand il vit évidemment pouvoir faire du bien et empêcher du mal, il se décida toujours pour le bien, souvent même contre l'avis de ceux qui lui inspiraient un sentiment contraire.

Ce ne fut donc que dans des circonstances difficiles, dans des dispositions générales, que Louis XVI ne voulut ni ne dut se décider par lui-même. Et bien loin de lui faire un défaut de cette grande sagesse, je ne crains pas de lui en faire une vertu. D'ailleurs, la Religion lui en faisait un devoir. *Ne faites rien*, dit l'Esprit saint, *ne faites rien sans conseil, et après que vous aurez fait quelque action, vous n'aurez pas lieu de vous en repentir* (21). *Le salut*, dit-il ailleurs, *est dans la multitude des conseils* (22). *Le conseil*, dit le

(21) Ecclesiast. 32·24. — (22) Prov. 24-6.

plus sage des rois, *doit marcher avant toutes les actions* (23). *Malheur*, dit Dieu lui-même, *aux insensés qui suivent leur esprit.* (24)

Tous les hommes doivent se conformer à ces préceptes et déférer à ces avis salutaires. Les rois doivent en être les plus scrupuleux observateurs. Tous leurs ordres sont absolus; ils doivent pas conséquent les distribuer avec poids et mesure, avec modération et justice; or il est impossible qu'un roi, tel éclairé qu'on le suppose, puisse atteindre ce but en décidant tout uniquement par lui-même. Dieu quoique souverainement puissant, et à qui rien n'est caché, semble ne pas avoir dédaigné de fournir aux rois l'exemple de la nécessité des conseils; (25) aussi tous ceux dont parlent les Livres saints ont tous eu des hommes, en général, instruits et éclairés dont ils ont souvent suivi les bons conseils avec succès, et ont été souvent punis de Dieu pour les avoir méprisés.

La reine de Perse avait formellement refusé de se rendre aux invitations et aux ordres de son époux, de son roi. *Assuérus* ne voulut pas décider par lui-même quelle conduite il avait à tenir dans cette circonstance. *Il consulta*, dit l'Esprit saint, *les sages qui étaient toujours auprès de sa personne; qui savaient les loix, le droit et les coutumes des anciens: il déféra à ce qui fut décidé, dans*

(23) Prov. 15 22. — (24) Ezech. 13-3.
(25) Job, 1-6. — Ps. 81-1. — Prov. 8-18.

ce conseil, contre la reine son épouse (26). Il eût été bien à desirer qu'il se fût toujours conduit avec cette même sagesse. *Ezéchias*, roi de Juda, est menacé d'une guerre injuste par le roi d'Assyrie; *il assemble aussitôt les grands de son royaume et les gens de courage* pour savoir ce qu'il convenait de faire: il adopta les résolutions qui furent prises dans ce conseil, et qui produisirent les plus heureux succès (27). Les tribus d'Israël demanderent à *Roboam*, successeur de Salomon, de diminuer les impôts dont ils prétendaient que son pere les avait accablés. Revenez, leur dit-il, dans trois jours et je vous rendrai réponse. Il assemble d'abord les anciens conseillers de son pere pour savoir d'eux quelle conduite il avait à tenir. Ils lui dirent: *si dans les commencemens de votre regne vous déférez à la priere de vos peuples, et que vous leur parlez avec douceur et clémence, ils seront vos plus fideles sujets le reste de vos jours*. Le roi méprisa le bon conseil de ces sages vielliards. Il consulta des jeunes gens fougueux, nourris avec lui dans le plaisir et dans l'opulence, et qui lui dirent RÉPONDEZ AINSI A CE PEUPLE: *mon petit doigt est plus gros que tout le corps de mon pere, il vous a imposé un joug pesant et moi je l'aggraverai. Mon pere vous a frappés avec des fouets, et moi je vous frapperai avec des verges de fer*. Cet horrible conseil se trouvant conforme

(26) Esther, 1-13. — (27) II Paralip, 32-3.

aux sentimens de *Roboam*, que Dieu avait déjà rejeté, il donna cette réponse aux envoyés des tribus. Ils se retirerent en murmurant contre lui, et bientôt après les tribus se porterent à des crimes, et contre les ministres et contre le roi lui-même (28). *Josias*, quoique le plus digne des rois de Juda, prenant une résolution d'après ses propres idées, après avoir méprisé les sages avis qu'il avait reçus et qu'il aurait dû suivre, marche à la tête de son armée contre le roi d'Egypte, est blessé grievement et meurt de ses blessures. (29)

Tout, dans les Livres saints, prouve, et par des préceptes formels et par des exemples multipliés, que les rois sur-tout ne sauraient trop se méfier de leurs propres idées; mais qu'ils ne sauraient en même temps prendre trop de précautions pour n'entourer leur personne sacrée que d'*hommes sages* et éclairés *qui craignent véritablement Dieu*, et qui soient les premiers observateurs de la loi (30); d'hommes de bien, sans fard, qui ne sauront point les flatter et qui les instruiront de la vérité (31): *ils devront les choisir, un entre mille*. (32)

C'est aussi de ces hommes si rares et si difficiles à trouver que Louis XVI desira toujours avoir auprès de lui. De-là cette succession si rapide, cette existence éphémere de ministres à qui il donna sa confiance;

(28) III Reg. 12-3... — (29) II Par. 35-21.. (30) Ecc. 37-15.. (31) Ib. ℣ 17. (32) Ib. C. 6, ℣ 6.

parce qu'il les en reconnut bientôt, quoique toujours trop tard, indignes. Dans le grand nombre cependant, il y en eut qui la mériterent; mais qui, dans la crainte de la perdre, quitterent d'eux-mêmes le ministere.

De cette impossibilité où se trouve nécessairement un roi de tout décider par lui-même, de cette grande difficulté de trouver des hommes qui méritent sa confiance, il faut conclure que Louis XVI avait raison de dire, dans les commencemens de son regne, *ô mon Dieu, quel fardeau!* il avait raison de dire, dans les derniers jours de sa vie, *si mon fils avait le malheur de devenir roi* &c. Longtemps avant lui, un prince infidele, mais habile et grand politique, avait reconnu combien est accablant le poids de la couronne; combien il est difficile qu'un roi soit instruit de tout, et peut-être plus difficile encore qu'il trouve de bons ministres. C'est *Dioclétien* qui disait IL N'Y A RIEN DE PLUS DIFFICILE QUE DE BIEN GOUVERNER. *Quatre ou cinq hommes s'unissent et se concertent pour tromper l'empereur. Lui qui est enfermé dans ses cabinets ne sait point la vérité. Il ne peut savoir que ce que lui disent ces quatre ou cinq hommes qui l'approchent. Aussi il arrive qu'il met dans les charges des hommes incapables, et qu'il en éloigne les gens de mérite. C'est ainsi*, disait ce prince, *qu'un bon empereur, même le plus vigilant et qui se tient le plus sur ses gardes, est vendu et trompé.* (33)

(33) Aurelius-Verus.

CHAPITRE V.

*Calomnie et fausse inculpation de l'auteur d'*UNE FLEUR *contre l'ancienne société des jésuites.*

PAR un effet, sans doute, du bouleversement général des idées et des choses, l'auteur d'*une fleur*, qui n'est pas heureusement infaillible, a voulu se mettre à la mode du siecle; mais du siecle *désorganisateur*. Il donne pour une des causes immédiates de la révolution ce qui n'existait plus longtemps avant la révolution, et ce qui seul eût pu l'empêcher, s'il eût en effet existé de nos jours. Cet auteur prétend qu'il y a des corps entiers qui ont essentiellement coucouru à produire la révolution française, et pour prouver sa proposition, il dit *parmi ces corps je ne craindrai pas de nommer l'ordre des jésuites et la* maçonnerie. *Le premier était mu par des vues personnelles, l'autre par des vues mixtes.*

D'abord cette application de corps aux *maçons* est fausse, puisque jamais leur secte mystérieuse et suspecte n'a été regardée comme corps, et que c'est peut-être la premiere fois qu'elle a été honorée de ce nom; du reste, je me fais une gloire de ne pas comprendre ce qu'il en dit. Bien plus, l'Eglise ayant condamné leurs sermens, la base de leurs mysteres d'iniquité, je me ferais un devoir de les combattre ou de les laisser ensevelis dans le plus profond mépris. Mais l'auteur d'*une fleur*, qui parle *des principes de leur institut*, qu'il doit par conséquent connaître, puisqu'il les met en parallele avec *le moral et la position des principaux personnages qui le composaient*, aurait dû nous en dire davantage.

1 °. L'application de corps, faite aux jésuites, est également fausse, puisqu'ils ne sont plus corps depuis plus de trente ans. 2 °. Elle est injuste ; car attribuer à quelqu'un, sur-tout à un corps religieux, un grand mal, sans en fournir aucune preuve, c'est le comble de l'injustice. 3 °. Elle est inutile, puisqu'elle est fausse, sans fondement et sans but ; elle n'est donc que l'effet de la méchanceté ou de la jalousie, ou d'un esprit de parti ; dictée conséquemment par la passion, par la haine et par une partialité impardonnable, sur-tout dans un pareil sujet. Devait-on s'attendre en effet de trouver dans un éloge de Louis XVI une pareille prostitution et un pareil abus des noms et des principes ? Aussi cette attribution gratuite aux jésuites a indigné, avec juste raison, toutes les personnes sensées qui en ont eu connaissance. C'est donc pour justifier ce sentiment général d'improbation que j'établirai deux preuves également contradictoires contre le sarcasme, qui ne fait pas fortune, de l'auteur d'*une fleur*. Il prétend que *l'ordre des jésuites était mu par des vues personnelles*. Mais qu'elles qu'eussent été les vues du petit nombre d'individus décrépits,

qui peuvent rester encore de la société des jésuites, peut-on leur en supposer d'assez mauvaises et d'assez puissantes pour avoir contribué à produire la révolution ? Ont-ils fait, dit ou écrit des choses qui puissent justifier une pareille inculpation ? N'ont-ils pas cherché plutôt à se rendre utiles à l'Eglise dans les différents Dioceses où ils étaient dispersés ? Ne se sont-ils pas acquis par leur zele, et par la régularité de leur conduite, la confiance et les éloges des Pasteurs et des Fideles ? Et si l'auteur d'*une fleur* n'avait pas jugé qu'ils eussent mérité les siens, il devait du moins avoir, pour ces respectables vieillards, des sentimens de commisération : mais il a voulu au contraire rendre leur mémoire odieuse ; il a voulu leur supposer par quelques mots obscurs, et sans en fournir aucune preuve, des torts qu'ils n'eurent jamais, et qu'ils pourraient bien moins avoir aujourd'hui. Tous ces brocards malins et inintelligibles ne partent donc que d'une mauvaise source, sur-tout quand leur objet ne peut que gagner à être ouvertement connu et scrupuleusement recherché. Je parlerai donc aussi clairement des jésuites que cet auteur en a parlé obscurément. Je dirai en détail, sans passion et sans aucune espece d'esprit de parti, tout ce que j'en sais et tout ce que j'en pense.

Il dit qu'il ne craint pas *de nommer l'ordre des jésuites* comme une des causes de la révolution, et moi je ne craindrai pas d'avancer 1°. que si les jésuites avaient existé de nos jours la révolution n'aurait pas eu lieu, et que leur destruction a été le commencement de cette même révolution; 2°. que ce sont les ennemis des jésuites, je veux dire cette secte ennemie de toute autorité, qui a causé en partie, favorisé et consommé la révolution.

Lorsque les mœurs se corrompirent chez les Romains, leur grand empire tomba insensiblement en décadence. Lorsque à cette corruption générale se joignirent l'indifférence pour l'éducation, et pour l'uniformité de culte de leurs dieux, alors on vit tomber en ruines, de toutes parts, l'édifice somptueux de ce florissant état. Les mêmes causes viennent de produire les mêmes effets dans le plus beau royaume de l'Europe, sous bien de rapports le premier empire du monde.

La mauvaise éducation, la corruption des mœurs, l'irréligion, voilà les véritables et les seules causes de la révolution française. Or il est certain que les jésuites possédèrent le talent particulier et peut-être exclusif 1°. de donner une bonne éducation, 2°. de faire observer la pratique des bonnes mœurs, 3°. de faire aimer et de faire pratiquer les préceptes de la Religion.

Première proposition.

Les jésuites donnerent une bonne éducation.

Pour une bonne éducation il faut que celui qui la donne soit parfaitement instruit: qu'il ait un véritable desir de bien enseigner : qu'il emploie tous les moyens que ses talens et sa bonne volonté peuvent lui suggérer. Avec un tel instituteur, il faut que les éleves aient en lui une confiance entiere, une soumission sincere, le desir de s'instruire. Or on vit dans les jésuites non-seulement les qualités nécessaires pour enseigner, mais encore le talent d'inspirer à leurs éleves les dispositions nécessaires pour apprendre. Les faits sont la meilleure preuve de ces deux vérités.

Tout le monde sait en effet que les jésuites n'admirent jamais dans leur société que des hommes d'esprit et susceptibles de devenir savans. Tout le monde sait par combien d'épreuves longues et difficiles ils firent passer ceux qu'ils avaient jugé être appellés à leur etat. Tout le monde sait quelles précautions scrupuleuses ils employerent toujours pour ne confier aucun emploi qu'à ceux qu'ils jugerent très-capables d'en remplir les devoirs. Tout le monde sait que chacun d'eux avait une fonction différente à remplir ; et toujours celle et uniquement celle pour laquelle il avait plus d'inclination et de lumieres. Aussi chacun était à sa place, et chacun ne s'occupait que des devoirs qui y étaient relatifs. De-là les sages instituteurs, les Grands Prédicateurs, les bons missionnaires ; de-là les savans théologiens, les véritables philosophes *(c)*, les auteurs éclai-

(c) J'entends par cette noble dénomination, si prostituée de nos jours, les bons logiciens, métaphysiciens, moralistes, physiciens, et même les amateurs de la véritable sagesse.

rés ; de-là en un mot les grands succès qui couronnerent leurs travaux.

Les maîtres de l'éducation, chez les jésuites, furent conséquemment choisis et uniquement destinés pour cette partie importante. On peut dire qu'ils avaient les talens nécessaires, par-là même qu'ils étaient employés à cet usage. Ils montrerent toujours combien ils desiraient ardemment de bien instruire. Ils employerent successivement tous les moyens que leur inspirait leur zele pour rendre leurs instructions utiles et profitables. Ils s'attacherent à bien connaître la trempe d'esprit de leurs éleves ; et ils y excellerent. Ils s'attirerent leur confiance, parce qu'ils la mériterent. Ils surent les convaincre de la nécessité de l'obéissance et ils étaient obéis sans gêne et sans contrainte. Ils enseignerent et ils persuaderent qu'une bonne éducation est le premier bonheur de l'homme, et du plus grand intérét pour la société entiere. Après avoir connu l'esprit de leurs éleves et travaillé à l'orner des connaissances dont il était susceptible, ils étudierent aussi le cœur de l'homme, le caractere et les inclinations de l'homme, et ils les connurent. Connaissance approfondie de l'homme, qui présuppose des talens et des lumieres qui ne furent donnés qu'aux jésuites.

De-là ce discernement qu'ils eurent pour faire embrasser à leurs éleves l'état pour lequel ils savaient connaître qu'ils avaient plus de vocation, plus d'aptitude que pour un autre. De-là cette connaissance des belles-lettres, et des langues différentes, qu'on montre superficiellement dans les autres colleges, et que leurs éleves en général possédaient bien lorsqu'ils sortaient des leurs. On ne voyait presque pas dans leurs écoles, comme on le voyait partout dans celles de nos jours, des humanités ignorant les premiers principes de la grammaire, des logiciens sans logique, &c. On ne voyait pas alors comme on voit aujourd'hui la majorité des candidats en Théologie, en droit, en médecine &c. bégayer le latin avec la plus grande difficulté. Les jésuites connaissaient tout le prix de cette langue, ils s'attachaient aussi, bien plus qu'on ne le fait depuis leur destruction, à en rendre l'usage familier et aisé, &c. &c.

Après la destruction des jésuites, à qui l'éducation des jeunes gens a-t-elle été confiée? des corps ecclésiastiques également chargés de cette partie importante, même de leur temps, en sont restés en possession. Ils ont sans doute mis plus de zele que jamais, quoique sans plus de succès, à remplir dignement la tâche essentielle dont ils se voyaient, en quelque maniere, exclusivement chargés. Mais soit la pénurie de sujets, soit le petit nombre de maisons que ces corps occupaient, ils ont été insuffisans. Alors on a été obligé d'appeller à l'enseignement public des Moines et des Religieux qui, quels que fussent leurs talens et leur mérite comme cénobites, ont bien montré ne pas avoir les qualités requises pour donner une bonne éducation. On doit cependant les louer et les remercier des efforts qu'ils faisaient pour s'en rendre plus capables. Ces corps religieux n'ont pas même suffi pour remplir le vide, seulement physique, que laissait partout la destruction des jésuites Alors on s'est vu forcé de les remplacer par tout ce qui s'est présenté pour occuper leurs places; prêtres et laïques, avocats et médecins, tout alors a voulu se mêler d'éducation. De ce mélange discordant d'instituteurs est venue cette bigarrure d'enseignement, différente dans chaque college, différente même dans chaque individu enseignant. Chacun voulait instruire à sa maniere, parce que chacun croyait la sienne meilleure que celle des autres. De-là cette rivalité de corps et d'individus, si scandaleuse dans des instituteurs et si funeste aux éleves. De-là cette multiplicité d'objets qu'on a voulu faire embrasser aux enfans; d'où il est résulté qu'en voulant leur faire apprendre trop on leur a fait négliger l'essentiel: qu'en voulant leur donner toute sorte de connaissances à la fois ils ont fini par n'en avoir aucune. En voulant leur faire apprendre tout, on leur a donnée une idée très-superficielle de tout; mais ils n'ont rien su à fond.

Voilà donc des ignorans, et qui souvent se croyaient très-savans, sortis des colleges, pour devenir bientôt peres de famille; pour occuper les places de l'état, les charges de la magistrature, les emplois militaires, les dignités de l'église, enfin toutes les différentes conditions de la société. Est-il surprenant qu'on vit tant de ministres d'état sans talent ; tant de magistrats sans la connaissance des loix ; tant de militaires sans principes, si ce n'est ceux de l'honneur ; tant d'ecclésiastiques indignes du caractere sacré dont ils étaient revêtus, et qui, par leur apostasie, ont mis d'eux-mêmes le dernier sceau à leur indignité, et posé la ligne de démarcation qui doit les distinguer à jamais de ceux qui sont restés fideles. Est-il surprenant qu'on vit tant de peres de famille destiner leurs enfants à des états importants, sans se mettre du-tout en peine de leur faire acquérir les connaissances nécessaires pour en remplir dignement les devoirs. Voilà d'où vient qu'on voyait si peu de personnes à la place qui leur eût convenu, et qu'on en voyait tant, jusques dans les Cloîtres, n'avoir pour toutes qualités que les défauts et les vices qui auraient dû les en exclure. Telles sont les suites d'une mauvaise éducation dont nous recueillons présentement les fruits.

II PROPOSITION.

Les jésuites firent observer la pratique des bonnes mœurs.

Les hommes en général portent dans leur cœur le germe de la vertu et celui du vice. Le bonheur de la société exige donc qu'on travaille à faire fructifier le premier, et qu'on se hâte d'étouffer le second. On doit y travailler d'autant plus de bonne heure, que l'homme dans les premieres années de sa vie ne se conduit que par les sens, et que la tendance aux plaisirs, source de la corruption, est le penchant dominant de la jeunesse. Tout le monde convient de ces vérités humiliantes, et presque personne ne se met en peine d'y conformer sa conduite. Mais les jésuites ne se bornerent pas à une conviction purement spéculative. Se trouvant chargés de l'éducation des jeunes gens, ils ne se contenterent pas de leur dire qu'il fallait aimer la vertu et détester le vice, mais ils leur montrerent tout le charme de l'une et toute l'horreur de l'autre. Ils leur donnerent, sur ce sujet, des instructions dictées avec prudence, présentées avec délicatesse, soutenues avec constance. Ils proportionnerent leurs leçons à l'âge de leurs éleves, et aux inclinations même de leur cœur, que, comme je l'ai déjà dit, ils avaient le talent de savoir découvrir. Après les leçons, ils employerent la glus grande vigilance pour les faire pratiquer. Ils eurent le plus grand soin de ne jamais permettre que leurs éleves eussent à leur disposition de ces livres dangereux qui ne respirent que la volupté et le libertinage. Ils les convainquirent du danger de les lire, et les prémunirent pour le temps où ils pourraient peut-être s'en permettre la lecture.

Persuadés que les leçons, la vigilance, et les précautions devaient être suivies de l'exemple, la plus efficace des instructions qu'on peut donner dans ce genre, ils eurent aussi des mœurs intactes et irréprochables, on peut même dire austeres. Tous les membres qui composaient leur société avaient été soumis, avant d'y être admis, à des épreuves encore plus scrupuleuses pour les vertus du cœur, que pour les lumières de l'esprit. Aussi, et c'est bien à remarquer pour la gloire de cet ordre, on n'a jamais vu un seul de ses membres, quoiqu'ils fussent si nombreux et si répandus, donner nulle part, contre les mœurs, aucun sujet de scandale. Partout au contraire ils prêchaient encore plus par la régularité de leur conduite, que par leurs instructions, la pratique de la vertu. Sans afficher en public une austérité farouche, ils étaient austeres dans leur particulier, et ne montraient au dehors que cette décence aisée, mais sincere, qui annonce la véritable vertu et qui la fait desirer. Aussi, généralement parlant, leurs éleves étaient vertueux, et ils l'étaient par conviction plutôt que par contrainte.

Les ennemis des jésuites, ne pouvant point se déchaîner contre leur conduite privée, blâmerent, à outrance, les leçons de vertu qu'ils donnaient aux enfans. Ils prétendaient qu'en leur donnant des instructions contre le vice on leur apprenait ce qu'ils n'auraient jamais dû connaître. Mais quoi! l'homme si porté au mal, dès son enfance, doit donc être livré à toute la corruption de son cœur? Il ne doit donc pas être permis, à ceux établis pour le conduire, de lui indiquer les moyens de se prémunir contre la contagion générale ? Quoi ! le langage de la vertu peut-il jamais enseigner le crime, qu'il ne veut que combattre ? et quand on joint à cette vertu une prudence consommée, une connaissance parfaite de l'homme, les ressources de la Religion, doit-on craindre de faire du mal, quand on prend tant de précautions pour n'opérer que le bien ? Se trouve-t-on mieux aujourd'hui des funestes ménagemens, qu'on avait adoptés, de ne pas parler aux enfans contre le vice ? Mais la corruption est générale, et on ne la combattait plus, parce qu'on n'avait plus ni force ni vertu pour la combattre.

Aussi le libertinage des enfans était porté à son comble, parce qu'ils ne trouvaient dans les colleges ni les leçons ni les exemples qui eussent pu les porter à la vertu. Partout au contraire ils ne recevaient que les impressions du vice et partout aussi ils étaient corrompus. Nos Cloîtres même érigés en gymnases étaient comme les autres ; c'est-à-dire la pierre d'achoppement où venait expirer la vertu, déjà chancelante, de la plus grande partie des jeunes gens. Les libertins corrompaient bientôt ceux qui ne l'étaient pas, et on ne prenait encore aucun moyen répressif contre une si funeste contagion. Mais comment la plus grande partie des maîtres auraient-ils pu donner des leçons qu'ils démentaient par leur conduite ? des maîtres, souvent si jeunes d'âge et de sentimens, qu'au lieu de donner l'éducation ils auraient eu souvent plus de besoin d'en recevoir eux-mêmes.

Et de-là cette corruption si sensiblement prématurée qui faisait dire à nos peres que la jeunesse, encore moins l'enfance, n'étaient pas, à beaucoup près, aussi corrompues de leur temps qu'elles l'étaient du nôtre : de-là ce cri général, qu'on entendait partout, qu'il n'y avait plus d'enfants dans ce siecle perverti. N'en voyait-on pas en effet, même dans le bas-âge, savoir la théorie, quelquefois la pratique des choses dont leurs peres, à un âge double du leur, ignoraient encore le nom. De-là dans les enfans et dans les jeunes gens ces complexions délicates ; ces tempéramens maladifs ; cette nature visiblement dégénérante ; ces maladies, et souvent ces morts, qui n'avaient leur cause que dans le libertinage de l'adolescence, quelquefois même de l'enfance : de-là encore ces jeunes gens corrompus et corrupteurs, le fléau de la société, et surtout des gardiens des personnes d'un sexe différent : de-là . . . . . mais je m'arrête. Si les mœurs étaient entierement dépravées de nos jours, dans tous les états, dans tous les âges, dans tous les pays et plus particulierement dans nos colleges, je conclus que les leçons et les exemples, que donnaient les jésuites dans les leurs, étaient utiles et avantageux, puisque, de leur temps, la corruption n'était pas de beaucoup aussi généralement répandue.

III PROPOSITION.

Les jésuites firent aimer la Religion.

Les jésuites regarderent, avec raison, la Religion comme le point principal, le point par excellence, essentiel et fondamental de l'institution de la jeunesse. Ils étaient persuadés que les enfans qui étaient bien instruits des préceptes de la Foi, de tous les différens motifs qui en nécessitent l'observation, des avantages qui en résultent, seraient de bons élevés et, par la suite, des hommes de probité, et fideles observateurs des devoirs de l'état qu'ils embrasseraient. Ils étaient persuadés que la jeunesse, qui n'aurait pas aimé l'étude par inclination, s'y serait adonnée par esprit de Religion. Ils étaient persuadés que quand on a de la Religion on aime la vertu, et on ne se laisse pas aller à la corruption et au libertinage. Aussi ils employaient tous les moyens que leur science et leur zele leur suggéraient, pour bien inculquer dans l'esprit de leurs éleves les principes de la Foi, pour bien les convaincre que la Religion est le premier devoir de l'homme, et peut seule faire son bonheur. Aussi les exercices de la Religion furent toujours scrupuleusement observés dans leurs colleges, comme le moyen le plus propre d'exciter l'émulation des enfants. Ils leur donnerent, sur ce sujet important, des instructions simples, et pathétiques. Ils ne chercherent pas à s'attirer l'admiration de l'esprit par de belles phrases, mais ils voulurent toucher le cœur par de grandes pensées. Pour la Religion, comme pour les mœurs, ils conformaient les instructions à l'âge de ceux qu'ils voulaient bien instruire. Ils ne donnaient pas aux enfants les instructions qu'ils donnaient aux jeunes gens, ni aux jeunes gens celles qu'ils donnaient aux hommes. Aussi chacun était instruit de la Religion, et tous, généralement parlant, en observaient les préceptes.

Aujourd'hui dans nos colleges, on ne prenait presque aucune précaution pour faire observer aux enfans les préceptes de la Religion. Il y avait cependant dans tous des réglemens à ce sujet; mais ils étaient considérés à peu près comme les autres regles générales de colleges, c'est-à-dire que leur infraction était impunie et tolérée. On ne prêchait pas assez sur la nécessité de la Religion, ou on la prêchait mal. On en fesait bien pratiquer quelque exercice, mais plutôt par contrainte que par conviction. On manifestait trop d'indifférence sur ce point important, pour pouvoir se promettre de le faire observer avec exactitude. Les enfants et les jeunes gens regardaient la fréquentation des Sacremens comme un fardeau pénible : aussi ils trompaient; ils éludaient; ils faisaient, en un mot, tout ce qu'ils pouvaient pour se dispenser d'en approcher. On n'avait pas tâché de les convaincre de leur sainteté et de leur importance; aussi ils étaient indifférents pour leur fréquentation ; plusieurs même doutaient de leur nature, et ne croyaient pas à leur efficacité. Aussi ils soupiraient après le moment d'être sortis des colleges, pour ne plus s'occuper de l'objet de la Religion.

De-là cette multitude d'incrédules, ce grand nombre d'impies et d'athées dans les jeunes gens de nos jours. De-là cette ignorance absolue où ils étaient, le plus grand nombre, des points fondamentaux de la Foi, des préceptes de la morale, de la sainteté du Culte. De-là ces propos impies contre la Religion, contre les différens articles de la Foi, contre la solemnité de son Culte : contre la discipline et l'autorité de l'Église ; contre ses usages, ses cérémonies, même ses Sacremens. De-là ce mépris pour les Ministres de la Religion, ces sarcasmes contre les personnes pieuses et contre la piété même. De-là cette indifférence affectée pour assister aux Offices de l'Église. De-là cette honte que nos jeunes gens avaient de paraître religieux. Ils auraient rougi de faire un acte de Religion en public. Ils auraient pris pour une insulte si on leur eût dit qu'ils en avaient, et pour une faiblesse d'esprit si on leur eût dit qu'il était nécessaire qu'ils en eussent.

Et de-là encore ce dégoût, ce mépris pour les livres et les ouvrages qui traitaient de la Religion, et qui n'étaient faits, selon eux, que pour les peuples et pour les simples. De-là au contraire cet empressement à dévorer avec avidité la lecture de ces livres impies qui renversaient de fond-en-comble toutes les loix divines et humaines, et dont la malheureuse France, qui en avait produit les auteurs et fourni tant d'admirateurs, recueille présentement les fruits.

Tous ces exemples pervers d'irréligion, que donnaient et qu'affectaient de donner les grands aux petits, n'ont fait à ces derniers qu'une trop vive impression. Les seigneurs et les principaux des Paroisses n'étaient pas plus retenus dans leur conduite devant les peuples des campagnes. Ils détruisaient souvent par leurs propos ironiques et impies les instructions des Pasteurs. C'est cette maniere d'agir et de penser qui a engendré l'incrédulité générale qu'on voyait se propager chez les pauvres comme chez les riches, chez l'artiste comme chez le laboureur. Et de-là cet empressement des peuples à adopter tous les principes du jour. De-là cette fureur générale contre les Ministres fideles de la Religion. De-là ces profanations, ces sacrileges, ces impiétés, dont on ne les aurait jamais crus capables. De-là cet enthousiasme presque général, avec lequel ils se sont soumis à des loix impies, injustes et barbares, subversives conséquemment de toute autorité légitime de l'Eglise et de l'état.

De cette incrédulité générale, de cette éducation vicieuse, de cette corruption des mœurs est venue cette révolution toute marquée au coin de l'un de ces trois vices capitaux de la société, et le fruit de tous les trois ensemble : or si les jésuites avaient un talent particulier pour donner une bonne éducation, pour rendre la vertu aimable et la faire pratiquer, pour faire aimer la Religion et en faire observer les préceptes ; qu'à leur place l'éducation ait été confiée à des corps, à des individus qui n'avaient pas, à beaucoup près, les mêmes talens, la même bonne volonté, les mêmes vertus et la même piété, mais souvent les vices opposés, donc les jésuites étaient infiniment plus propres et plus dignes de donner l'éducation. Leur destruction peut être donc regardée avec fondement comme la source et le commencement de la dépravation générale des mœurs ; de cette irréligion qui avait gagné la derniere classe du peuple, en empirant dans la classe des grands ; de cette éducation vicieuse qui n'a évidemment produit, généralement parlant, que des ignorans, ou des libertins, ou des incrédules : donc il est certain que, si les jésuites avaient existé de nos jours, l'éducation aurait été bien meilleure, les mœurs bien moins dissolues, la Religion bien plus respectée et plus pratiquée : donc il est certain, ou du moins bien probable, que si les jésuites avaient existé de nos jours la révolution n'aurait pas eu lieu.

Des causes de la destruction des jésuites.

Pourquoi dira-t-on une société si utile a telle été détruite, presque en même temps dans tous les Pays catholiques? Avant d'entrer en détail sur les causes connues de cette destruction, je dirai que je la regarde, religieusement parlant, comme un fléau dont le Ciel a voulu punir la terre, pour y produire ceux dont nous sommes présentement les témoins. Politiquement parlant, je dirai que je regarde cette destruction générale comme la mesure la plus impolitique, qu'aient jamais pu prendre tous les gouvernemens ensemble. Ils ont détruit en effet les plus fermes appuis des trônes, en détruisant les maîtres par excellence de l'éducation, des mœurs et de la Religion. Aussi voyons-nous de nos jours que, les vices contraires ayant prévalu, tous les trônes en ont été ébranlés. Nous voyons que celui qui paraissait le plus affermi en a été entierement renversé. D'ailleurs, comme je le prouverai bientôt, il n'y eut jamais d'association religieuse aussi soumise, et qui prêcha si généralement la soumission aux puissances de la terre que le faisaient les jésuites.

Mais l'Eglise, par l'organe de son Chef, a concouru à leur totale destruction! Respectueusement soumis et inviolablement attaché à l'Eglise romaine, comme la Mere de toutes les Eglises, le centre-d'unité de la Foi: rempli du plus profond respect et de la plus religieuse vénération pour le Pontife sacré qui y tient la place de J. C. humblement soumis à toutes les décisions relatives à la Foi, sans aucune distinction, qui émanent de celui *à qui* le Sauveur des hommes *a donné particulierement les Clefs du Royaume céleste* (34), c'est-à-dire l'universalité de pouvoirs qu'il a ensuite départis à chacun des Apôtres; *de celui qui a été chargé de paître les Brebis et les Agneaux* (35), c'est-à-dire de gouverner, d'instruire et *d'affermir même dans la Foi les Pasteurs* et *les Fideles* (36); *de celui pour lequel J. C. a prié son Pere, afin que sa foi ne soit jamais en défaut* (37); de celui enfin *qui est la Pierre fondamentale sur laquelle J. C. a bâti son Eglise, contre laquelle les portes de l'enfer ne prévaudront jamais* (38): humblement et j'ajoute aveuglément soumis à tout ce qui émane d'une source si pure et si sacrée, je dirai que je regarde le concours du souverain Pontife, dans la destruction des jésuites, comme le complément et le sceau du fléau dont Dieu, comme je l'ai déjà dit, a voulu punir la terre. Sous ce point de vue, bien loin de considérer ce concours comme une tache à la mémoire du Grand Pontife qui gouvernait alors l'Eglise universelle, je ne verrai dans cet acte que l'exécution des desseins du Très-Haut, et dans ce Grand Pape que l'exécuteur fidele des vengeances du Ciel, comme, par sa place éminente, il est le fondement inébranlable du

(34) Matth. 16 19. — (35) Joann. 21 15. . (36) Luc. 22 32. (37) Ib. (38) Matth. 16-18.

canal par-où Dieu fait découler toutes les graces qu'il envoie sur la terre.

Et si on pouvait supposer que le Chef visible de l'Eglise pût jamais employer sa puissance par des motifs purement humains, bien loin de sanctionner la destruction des jésuites, il eût employé cette même puissance pour l'empêcher. Car il n'y a jamais eu de Congrégation-Religieuse si fermement attachée au saint Siege, si ardemment zelée pour en prêcher les droits divins, pour en défendre les prérogatives sacrées et pour être soumise à toutes ses décisions, que le fut constamment la société des jésuites. C'est aussi de ce parfait dévouement dont leurs ennemis n'ont pas craint de leur faire un grand crime.

Les jésuites avaient donc des ennemis, et des ennemis puissans et des ennemis innombrables ? Mais comment serait-il possible qu'une société aussi généralement répandue, aussi instruite, aussi vertueuse et aussi utile n'eût point eu d'ennemis ? L'homme en général et les corps particulierement sont si naturellement portés à déprimer la vertu qu'ils ne pratiquent pas, à ravaler le mérite des autres quand il n'envisagent que celui qu'ils croient avoir eux-mêmes, qu'il eût été plus étonnant que les jésuites n'eussent pas eu d'ennemis qu'il était presque naturel de leur en voir un grand nombre. Les Associations religieuses, chargées des mêmes fonctions que les jésuites, étaient jalouses des succès qui couronnaient leurs travaux. Aussi on les vit chercher continuellement tout ce qui pouvait concourir à les humilier, pour s'élever elles-mêmes. S'il se trouvait quelque jésuite qui eut le moindre défaut (et quel est l'homme qui n'en a pas?) elles le grossirent; si elles n'en purent produire, elles en inventerent; si elles ne purent en inventer, elles tâcherent de trouver ou d'imaginer dans leurs vertus des imperfections qui en obscurcissaient l'éclat; leur prêtaient souvent des motifs qui en excluaient tout le mérite, et faisaient souvent envisager leur vertu comme vice. Cette injustice, malheureusement trop commune, a été déployée dans tous les sens par les ennemis des jésuites, pour provoquer et emmener leur destruction.

Premier reproche fait aux jésuites de leur grand attachement à l'Eglise romaine. — Principes qui établissent la nécessité de ce même attachement.

Comme je viens de le dire, les jésuites étaient ce que doit être tout bon Chrétien, très-soumis à toutes les décisions de l'Eglise et de son Chef. Leurs ennemis leur en ont fait un crime; parce qu'ils voulaient par un esprit de contrariété, d'aveuglement et d'erreur, ne pas reconnaître pour église la puissance qui les avait condamnés comme telle; parce qu'ils voulaient refuser au Souverain-Pontife les droits et les prérogatives que Jésus-Christ lui a accordés en la personne de S. Pierre, comme je l'ai prouvé plus haut : primauté d'honneur et de jurisdiction dans tout le Monde chrétien, que l'Eglise universelle a toujours reconnue dans le Pontife de Rome, que tous les Peres de l'Eglise ont si énergiquement expliquée et si authentiquement consacrée dans leurs écrits sublimes. Il ne sera pas hors de propos d'en rapporter ici quelques témoignages.

La premiere marque de l'Église catholique, disait S. Optat, *est de communiquer avec la Chaire de S. Pierre. Parce que nous avons cette marque, nous montrons que nous avons toutes les autres* (d). *C'est de l'Eglise de Rome*, dit S. Ambroise, *que nous recevons le droit d'être dans la communion ecclésiastique* (e). *Vous êtes Pierre*, a dit J. C. *et sur cette Pierre je bâtirai mon Eglise. Il n'y a eu que Pierre qui mérita d'entendre ces paroles*, dit S. Augustin, *et d'être la Pierre qui servit de fondement pour construire les peuples dans la maison du Seigneur, la colonne pour les soutenir, la clef pour ouvrir le Royaume céleste* (f). *Il n'y a*, dit S. Thomas de Cantorberie, *qu'un infidele ou, ce qui est un plus grand égarement, qu'un herétique ou un schismatique qui refuse d'obéir aux décrets du souverain Pontife* (g). *J. C.* dit S. Cyprien, *a dit, à un seul Apôtre, vous êtes Pierre* &c. *Pour manifester l'unité, il établit une seule chaire, et il veut qu'un seul soit l'origine de cette unité. La primauté est donnée à Pierre, pour*

(d) Lib. II, N. 3 et 8. (e) Ep. II, ad Gratian.
(f) Serm. 29, de Sanct. (g) Ep. 122, ad Gilb. L.

faire voir qu'il n'y a qu'une seule Église de J. C. et qu'une chaire : celui qui ne tient pas à cette unité se flatte-t-il d'être dans l'Eglise ? . . . Séparez les rayons du soleil, ce n'est plus que ténebres ; coupez la branche de l'arbre, elle ne peut plus porter de fruit ; divisez le ruisseau de sa source, il est bientôt tari (h). *L'Eglise divisée en trois parties*, dit St. Jérôme, *tâche de m'attirer : je crie, pendant ce temps-là, si quelqu'un est uni au Siege de Pierre, il est des miens* (i). *La foi de Pierre qui ne défaut pas*, disaient les Evêques de France dans l'assemblée du Clergé de 1651, *demande à juste titre que, suivant la coutume solemnelle et perpétuelle de l'Eglise, les causes majeures soient référées au Siege apostolique*, et l'année précédente, ils écrivaient, au Pape Innocent X, *votre Sainteté n'ignore pas que les Evêques de ce royaume très-chrétien ont été, de tout temps, unis au S. Siege, par l'amitié en qualité de freres, par l'obéissance et le respect en qualité de fils, par la communion de la foi en qualité d'orthodoxes.* (l)

L'empereur Gratien ordonna par une loi, dans tout son empire, *que les Eglises fussent rendues à ceux qui étaient de la communion du Pape Damase* (m). *L'empereur Aurélien*, quoique payen, *ordonna avec beaucoup de raison*, dit Eusebe, *que le Siege serait donné à celui des deux compétiteurs auquel le Pontife de Rome récrirait* (n). *Nous voulons*, dit l'empereur

(h) Cypr. de unitate. (i) Epist. 58, ad Dam.
(l) Lettre du Clergé, du 25 octobre 1650.
(m) Théodoret, Histoire ecclésiast. liv. V, ch. 2.
(n) Eus. ibidem, L. VII, C. 30.

Théodose, *que tous les peuples de notre empire vivent en la même communion que le divin Apôtre S. Pierre a enseignée aux Romains, et laquelle il est manifeste que le Pontife Damase suit. La sentence prononcée par le Pape,* dit Valentinien III, *n'avait pas besoin de notre ordonnance impériale pour avoir force de loi. Car quel pouvoir n'a pas sur toutes les Eglises l'autorité d'un si Grand Pontife ? Nous avons cependant jugé à propos de l'appuyer de notre ordonnance, afin que dans la suite aucun ne puisse résister au commandement du Pontife romain. : Nous défendons tant aux Evêques des Gaules qu'à ceux des autres provinces d'oser, contre la coutume ancienne, entreprendre rien, sans l'autorité du vénérable Pape de la ville de Rome, et nous leur ordonnons de regarder comme une loi tout ce que le St. Siége a défini.* (o) Charles-le-chauve, roi de France, ordonne *qu'il soit permis à l'Eglise de Rome d'avoir la fermeté qu'elle doit, et d'exercer la jurisdiction qu'elle doit avoir dans l'Eglise universelle. . . Qu'on reçoive avec un profond respect tout ce que le Pape aura décerné par l'Autorité apostolique, selon son sacré Ministere* (p). S. Louis, dans les *enseignemens* qu'il a laissés à son fils, dit *ayez toujours beaucoup de respect pour l'Eglise romaine et pour le Pape que vous devez honorer comme votre Pere spirituel.* (q) Louis XI écrit au Pape Pie II *nous suivons vos ordres. Nous vous reconnaissons pour le*

(o) Novella Valent. (p) Tit. XLVII, C. 1 et 2.
(q) Duchesne, historia Franc. T. V, pag. 399.

Pasteur du Troupeau de Jésus-Christ, pour celui qui est préposé aux Choses saintes. Nous nous attachons à vous et à votre Chaire. (r) Je ne rapporterai pas ici les grandes preuves de dévouement, et de soumission au S. Siege de Rome, du Grand Constantin et de Charlemagne. Je rappellerai seulement les propres paroles du religieux Louis XVI sur ce sujet, dans son testament de mort. *Je meurs*, dit-il, *dans l'union de notre sainte Mere l'Eglise catholique, apostolique et romaine, qui tient ses pouvoirs, par une succession non-interrompue, de S. Pierre, auquel J. C. les avait confiés.*

Les ennemis des jésuites, au mépris de toutes ces autorités divines et humaines, disputent sans cesse, pour tâcher d'enlever au souverain Pontife quelques-unes de ses prérogatives, et certes la principale. Ils ne s'accordent pas entre-eux sur celles qu'ils veulent bien lui accorder. Il les modifient même et les simplifient tellement qu'ils ont plus l'air de ne pas les reconnaître que de les avouer. Et de-là cet éloignement criminel à se soumettre aux décisions de l'Eglise romaine. De-là ces distinctions de fait & de droit; inventées par un esprit d'erreur; soutenues par un esprit de parti, d'égoïsme & d'amour-propre; défendues par des subtilités, des subterfuges et des sophismes: mais toujours victorieusement condamnées par la même puissance légitime que, par tous ces vains détours, on voudrait méconnaître.

(r) Act. Concilii later. sess. 4.

De-là cette haine invétérée et implacable contre tous les souverains Pontifes, et contre le corps épiscopal, fidelement uni au S. Siege. De-là ces propos scandaleux, qu'on peut même appeller impies, contre les droits sacrés de l'Eglise romaine, que ces esprits d'erreur ne craignent pas de qualifier d'usurpations; contre les usages du S. Siege, qu'ils osent appeller des abus; contre la conduite même privée et publique du souverain Pontife, qu'ils ont eu souvent la témérité de condamner et de calomnier. De-là, et c'est bien à remarquer, le grand empressement qu'ont manifesté de nos jours les corps ecclésiastiques et religieux, sur-tout les prêtres et les moines soupçonnés de *jansénisme* (s), à se déclarer ouvertement contre l'Eglise romaine, à dépouiller avec nos impies législateurs le Pape de la primauté de jurisdiction qu'il a, de droit divin, dans tout l'Univers chrétien. De-là le mépris qu'ils ont fait des décisions, des invitations paternelles, des menaces et des foudres de l'Eglise, employées successivement, et toujours sans succès, par le Grand Pontife qui occupe de nos jours, avec tant de gloire, la Chaire de S. Pierre.

De-là la facilité qu'ont eue les philosophes-régénerateurs de pouvoir trouver, contre leur attente, assez d'ennemis de l'Eglise, pour

(s) Que l'hérétique, dit S. Augustin, n'insulte pas à l'Eglise. C'est un loup, connaissez-le; c'est un serpent, écrasez lui la tête. -- *De Symb. ad Catech, cap.* 13.

remplir tous les Sieges épiscopaux de France d'hérétiques, de libertins et d'impies; d'avoir même pu, par la suite, trouver assez de mauvais prêtres pour occuper les autres charges pastorales et s'emparer exclusivement de tout le ministere ecclésiastique. Tous ces usurpateurs sacrileges n'ont pu parvenir, qu'après avoir juré de maintenir, de toutes leurs forces, la constitution civile du clergé, conséquemment juré de ne plus reconnaître, *en quoi que ce puisse être*, la jurisdiction du Chef suprême de l'Eglise.

Que les ennemis des jésuites disent que cette société était trop attachée à l'Eglise romaine! Et moi je leur répondrai qu'il n'y a que ceux qui n'y ont pas été assez unis qui ont fait le schisme qui déchire la France. Je leur dirai qu'il n'y a que les ennemis de cette Eglise-Mere, qui ont essentiellement concouru avec les impies à détruire la Religion dans ce malheureux royaume. Par conséquent, s'il ne se fût trouvé en France que des Prêtres attachés à l'Eglise catholique, comme l'étaient les jésuites, la constitution civile du clergé n'aurait pas eu lieu, parce qu'on n'eût trouvé aucun ministre de la Religion qui eût voulu s'y soumettre. Or si tous eussent été fideles, tous les évêques et les autres pasteurs auraient resté dans leurs places respectives; les biens de l'Eglise n'auraient pas été si complettement dilapidés, quoique ce soit le moindre mal; les Fideles n'auraient pas été entraînés dans un schisme dont la nature, les circonstances et la conduite des intrus, leur ont fait secouer toute espece de joug religieux, et de Chrétiens n'en ont fait que des impies et des barbares. On n'aurait pas vu commettre tant de sacrileges, de profanations et d'impiétés qui révoltent même les peuples les plus barbares. On n'aurait pas vu le massacre inhumain de plusieurs saints évêques, d'un si grand nombre de bons prêtres, et la persécution ouverte contre tous les véritables fideles. On n'aurait pas vu les divorces légitimés et consacrés, à leur maniere, par le ministere ecclésiastique. On n'aurait pas vu des prêtres au mépris des vœux de chasteté, des loix et de l'usage de l'Eglise, contracter le Sacrement de mariage. On n'en aurait pas vu à la tête des brigands exciter des meurtres, des pillages, et toute sorte de crimes. On n'aurait pas vu un grand royaume, n'agueres le premier de la Chrétienté, sans Prêtres fideles, sans Sacrifice, sans Temples, sans Religion et *absque Deo.* On n'aurait pas vu le trop infortuné roi de France être exposé à refuser de sanctionner la loi de l'exportation des prêtres fideles, dont les prévaricateurs rendaient le ministere inutile, et sollicitaient la destruction.

Il est à observer que c'est ce refus religieux que, *de lui-même*, Louis XVI s'obstina d'opposer aux projets des impies, qu'on peut dire être la source de toutes les persécutions qu'il éprouva dès-lors. C'est en effet la premiere raison qu'ont alléguée les scélérats, pour trouver le roi formellement contraire à leur volontés, pour le dire infidele à ses serments, et coupable, dans leur sens, de collusion, avec ceux qu'ils appellaient les réfractaires à la loi. Ce ne fut en effet que pour forcer ce refus, que l'horrible catastrophe du 20 juin 1792, eut lieu dans le palais du roi. Mais sachant *se décider par lui-même* pour ne pas concourir à un grand mal, les menaces et les dangers ne furent point capables de l'y déterminer. Et dès ce moment, on ne garda plus à son égard aucune espece de ménagement. Alors commença cette horrible persécution qui a fini par faire mourir, sur l'échafaud, le plus digne des rois, et à amener par degrés l'anéantissement total de cet empire infortuné. Voilà les fruits du schisme, de l'irréligion et de l'impiété.

On ne saurait donc être trop attaché à la véritable Foi, à l'Eglise romaine qui en est le centre, au pape qui en est le pontife universel. Cet inviolable attachement, reproché aux jésuites, prouve donc en faveur de leurs principes. Les plus grands crimes, qui ont souillé la France et qui la souillent encore, n'auraient pas été infailliblement commis, si on y eût été fidele à ce point de doctrine. La révolution elle-même aurait, par conséquent, manqué son but principal, qui était l'irréligion, et ce but principal manqué eût peut-être fait échouer tous les autres, comme le succès de celui-là a nécessairement entraîné tous les crimes.

Ainsi les divisions et le schisme d'Afrique la firent enfin tomber sous la servitude des Vandales. Ainsi le schisme de l'Eglise d'orient réduisit toutes ces fameuses contrées sous l'esclavage des infideles. Et quelles scenes tragiques dans l'Angleterre depuis qu'elle est devenue le théâtre du schisme et de l'erreur ! Elle était auparavant le royaume le plus catholique de toute la Chrétienté. Alors Henri VIII ne se contentait pas de soutenir la Religion par son autorité, il avait lui-même écrit contre *Luther*, et avait envoyé son livre à Léon X, alors souverain Pontife, comme un gage de sa foi et de son amitié, ainsi qu'il le marqua par deux vers latins qu'il écrivit de sa main, sur l'exemplaire envoyé au Pape :

Anglorum rex Henricus, Leo decime, mittit
Hoc opus, et fidei teste et amicitiæ.

Mais quand, pour satisfaire une infâme passion par un mariage adultere, il se fut séparé avec ses états du S. Siege, et qu'il eut usurpé la primauté, qu'il venait de défendre, alors l'Angleterre, *cette île des Saints*, devint l'asyle des plus monstrueuses erreurs, des plus grandes dissenssions. Séparée du roc immobile de l'Eglise romaine, elle ne fut que comme une île flottante, devenue le jouet des flots, emportée ça et là par les vens des nouvelles doctrines. Quelque puissant que fut Henri VIII, combien fut-il obligé de verser de sang pour cimenter son schisme? il croyait n'être que déserteur de la Foi catholique, il en devint le persécuteur et le tyran. *On compta*, dit Tomassin, *qu'entre tous ceux qu'il avait fait mourir, il y avait deux cardinaux, trois archevêques, dix-huit évêques, treize abbés, cinq cens curés ou prieurs, moines ou prêtres, trente doyens, soixante chanoines, plus de cinquante docteurs en théologie, douze ducs, marquis ou comtes, vingt-neuf barons ou chevaliers, plus de trois cens gentilshommes, cent vingt bourgeois, cent dix femmes de qualité, sans parler des autres.* (t)

Toujours les révolutions dans la Religion ont amené des révolutions dans l'état. -- La Hollande ne renonça à l'obéissance du souverain Pontife, qu'en renonçant à celle de son prince légitime. En se faisant un nouveau plan de Religion, la Suede se fit un nouveau roi. Depuis que l'Angleterre même est schismatique, n'a t'on pas vu le trône de ses rois vacillant et quelque fois renversé. N'y voit-on pas de nos jours cet esprit de sédition, de trouble et de révolte, toujours prêt à éclater, et qui s'est même manifesté en Irlande. Mais la grande vigilance et les sages précautions d'un gouvernement si éclairé, et si profond en politique, étouffent dans leur source ces germes de rebellion et d'effervescence. Nous devons, sans doute, faire des vœux, nous Français, nous prêtres fideles, pour la

(t) Thomassin, traité des édits pour l'Eglise. Tome II, page 473.

gloire et le bonheur de ce généreux empire. Ses habitans étaient nos rivaux dans notre prospérité ; ils sont devenus nos amis, nos bienfaiteurs, nos défenseurs dans nos adversités. Que ne peuvent-ils aussi devenir entierement nos freres dans la foi!

Deuxieme reproche fait aux jésuites de ce qu'ils prêchaient une grande soumission aux puissances de la terre. Obligation d'y être soumis.

On a reproché aux jésuites, de prêcher, avec trop de zele et avec trop d'ardeur, une soumission trop absolue aux ordres des souverains. On leur a fait également un crime d'avoir dit à ces mêmes souverains, comme *S. Jean-Baptiste* à *Hérode*, qu'il ne leur était pas permis d'abuser de leur puissance, et de faire tout le mal qu'ils voudraient. Pour la premiere imputation, je répondrai, à leurs ennemis, que les jésuites n'ont enseigné, à ce sujet, que ce qui est formellement énoncé dans presque toutes les pages de l'Ecriture sainte; ce que J. C. a si expressément ordonné à tous les peuples, en leur disant *de rendre à César ce qui appartient à César;* (39) ce qu'il a consacré par un miracle, pour se soumettre lui et ses apôtres, en la personne de S. Pierre, à la loi de César (40); précepte d'obéissance à César, que ces mêmes apôtres

(39) Matth. 22 21. — (40) Ibidem, 17-26.

ont prêché et pratiqué, et dont leurs écrits divins prêchent encore l'observation, avec tant d'énergie et d'extension; précepte dont ils regardent la violation comme la cause de la damnation de ceux qui la commettent. (41)

Je dirai encore aux ennemis des jésuites: si tous les habitans de la France eussent été bien convaincus de l'importance, et de la nécessité de ce précepte, comme l'étaient ceux à qui l'on en a fait un crime, il ne se serait pas trouvé dans son sein des hommes qui se sont déclarés les souverains de leur roi, s'en sont arrogés tous les pouvoirs, en ont bouleversé toutes les loix. Il ne s'en serait pas trouvé qui l'eussent continuellement violenté, pour le faire concourir au mal qui répugnait à son cœur; qui se fussent opposés au bien qu'il voulait faire, et n'eussent pas fait tant de mal. Si on eût respecté le trône, comme le prêchaient les jésuites, on n'eût pas trouvé des rebelles qui en ont précipité leur roi. On n'eût pas vu des barbares qui ont osé repaître leur roi, leur reine (dont nous déplorons encore dans ce moment, par des torrents de larmes, l'horrible situation) et toute l'innocente famille royale, de tant de maux, d'insultes, et d'opprobres. On n'eût pas trouvé des monstres, des tigres, l'horreur et l'exécration de la nature entiere; des êtres à figure humaine, mais qui ne méritent pas le nom d'hommes, parce qu'ils

(41) Rom. 13 2.

n'ont pas un seul sentiment d'humanité ; on n'eût pas trouvé, dis-je, de ces êtres, qu'on ne sait de quel nom appeller, parce qu'il n'en existe aucun qui puisse exprimer toute l'horreur de leurs forfaits ; pas même celui d'*être* avec toutes les épithetes connues parce que ce nom d'*être* les honore encore trop, puisque la société entiere eût tant gagné, si le néant le plus obscur eût éternellement retenu enchaînés, dans ses plus profonds abymes, ces ennemis audacieux du Ciel, et de la terre ; ces fléaux de la nature entiere, qui ne méritent même pas de porter le nom des bêtes les plus féroces, parce que les bêtes les plus féroces peuvent être rassasiées de sang, et ils en sont insatiables ; les bêtes les plus féroces s'apprivoisent à la fin, et ils deviennent de jour en jour plus barbares. Les bêtes les plus féroces ont toutes quelques propriétés qui, si ce n'est pendant leur vie, du-moins après leur mort, peuvent servir à l'usage de l'homme, et ils empoisonnent de leur vivant, de leur souffle empesté, tout ce qui les entoure, et anéantiraient, même après leur mort, la société entiere, si leurs productions infernales pouvaient être adoptées, comme ils le voudraient, dans tous les pays où il se trouve des hommes.

Si, dis-je, on eût respecté le trône, on n'eût pas trouvé ces scélérats qui n'ont pas craint de condamner le plus juste des rois ; de juger celui que Dieu avait établi pour juger les autres ; et de faire mourir, sur un échafaud, un prince si digne de vivre sur le trône. Si on eût respecté le trône, ha! toute la France se serait réveillée de son apathie criminelle, pour venger du moins, aussitôt, l'effusion du sang d'un roi qui devait lui être si cher. Mais ce crime irréparable, comme son impunité prolongée, seront à jamais la honte des Français qui se trouvaient en France, et le sujet de la douleur, des pleurs et de l'expiation des Français qui étaient exilés, ou qui avaient fui cette terre de crimes.

On ne saurait donc trop prêcher la soumission et le respect qui sont dus aux puissances, parce que les rois tiennent la place de Dieu, parce que c'est *Dieu lui-même qui les a placés sur le trône* (42), parce que *Dieu lui-même nous ordonne de leur obéir*, et de leur obéir tellement que, *résister à leur puissance, c'est résister à l'ordre que Dieu a établi, et* que *résister à cet ordre, c'est s'attirer la damnation éternelle* (43). Aussi l'Esprit saint, nous traçant nos devoirs, nous dit *mon fils, craignez le seigneur et le roi* (44). Aussi l'ecclésiaste se fait une gloire de l'observation de ce double devoir, en disant *moi j'observe les ordres du roi et les commandemens de Dieu* (45). Aussi S. Paul, écrivant au St. Evêque de l'île de Crete, lui recommande expressément, *d'avertir les Fideles d'être soumis aux princes et aux puissances, de leur dire qu'ils étaient*

(42) Job, 34.5. — (43) Rom. 13.
(44) Prov. 24 21. — (45) Ecclesiast. 8 2.

obligés de leur obéir, et d'être toujours prêts à faire tout ce qu'ils leur ordonneraient de bien. (46)

Voilà quelle était la doctrine des jésuites, et auraient-ils pu en avoir d'autre ? l'Ecriture sainte de l'ancien et du nouveau Testament est remplie de ces grandes leçons, qu'il eût donc été à desirer qu'elles eussent été généralement connues, et sur-tout scrupuleusement suivies. Alors au lieu de donner des ordres au roi, on eût humblement reçu les siens, et on les eût ponctuellement exécutés. Or le roi étant juste, bon, et religieux, ses ordres auraient été dictés par la justice, et on n'eût pas été injuste : guidés par la bonté, on n'eût pas été barbare : fondés sur la Religion, on n'eût pas été sacrilege, profanateur et impie. Et alors, rien de ce que cette hideuse révolution présente de si évidemment injuste, de si atrocément barbare, de si horriblement impie, rien de toutes ces abominations n'aurait eu lieu.

Troisieme reproche fait aux jésuites d'un prétendu relâchement dans la morale évangélique et fausseté de cette inculpation.

On a reproché aux jésuites d'être trop relâchés dans la morale. Ce que nous venons de voir, consigné dans leurs écrits, relativement à la soumission aux deux puissances

(46) Tit. 3. 1.

divine et humaine, ne prouve pas en faveur d'une pareille imputation. Leurs ennemis ne pourront pas les accuser de relâchement sur ces deux points importans de la morale; puisque, d'ailleurs, ils leur ont fait un crime de leur trop grande soumission à l'Eglise et à l'état. Comme les jésuites prêchaient avec force, avec onction, et sur-tout avec fruit, parce qu'ils pratiquaient ce qu'ils prêchaient, on voyait de leur temps les Sacremens beaucoup plus fréquentés que de nos jours. Cette grande fréquentation des Choses saintes a fait dire à leurs ennemis, qu'ils y faisaient participer des Chrétiens qui en étaient indignes. Une pareille calomnie contre des ministres de la Religion, et contre les Fideles, n'est pas l'effet de la charité; car, selon S. Paul, elle *ne s'irrite pas*, et *ne pense pas le mal* (47), encore moins doit-il être supposé, lorsqu'il est vraisemblable qu'il peut ne pas exister. D'ailleurs comme un pareil objet se traite dans le tribunal de la pénitence, et que pour pouvoir décider des dispositions du pénitent, et de la conduite du confesseur, il faudrait connaître l'une et l'autre, ce qui est impossible, on ne peut pas juger au juste, si cette accusation est fondée.

Cependant comme les jésuites prêchaient beaucoup sur cet article important, comme ils ont écrit beaucoup sur cette matiere essentielle, on peut lire leurs écrits qui en trai-

(47) I Corinth. 13-5.

tent : on peut interroger les personnes qui leur ont donné leur confiance ; qui les jugent sans passion, d'après elles-mêmes, non point d'après les *on dit* qui leur ont prêté tant de crimes : on peut s'informer quel est le jugement général qu'a porté de leur doctrine et de leurs principes le Clergé même de France, et on verra par-tout que les règles qu'ils observaient pour la fréquentation des Sacremens étaient les mêmes que celles que l'Eglise ordonne qu'on emploie, les mêmes que celles que les plus saints Prêtres emploient encore, les mêmes que celles qu'on enseignait de suivre dans nos meilleurs séminaires.

Les jésuites étaient trop relâchés ; mais le grand relâchement date positivement de leur destruction. On ne voit plus, depuis longtemps, cet empressement, ce concours de Chrétiens dans les Solemnités. On ne voit plus les Sacremens fréquentés comme de leur temps. Et ce qui fait croire, quoiqu'en disent leurs ennemis, qu'en général on n'en approchait pas si mal, c'est qu'il y avait réellement beaucoup plus de Religion que de nos jours ; beaucoup moins de libertinage ; beaucoup plus de vertus ; beaucoup plus d'innocence, de soumission et de respect dans les enfants ; de meilleurs exemples dans les parents ; plus de fidélité dans les domestiques, &c. &c. d'où je conclus que beaucoup plus de Religion, et infiniment moins de vices, n'était pas l'effet d'un relâchement dans la morale ; ou si cela était, il faudrait donc dire que de nos jours, où l'irréligion et le libertinage étaient portés à leur comble, tout, non-seulement dans la morale, mais même dans le dogme, était entièrement relâché.

Quatrieme reproche fait aux jésuites de leur prétendue trop grande dévotion à la sainte Vierge. Avantages de cette même dévotion.

On a fait un crime aux jésuites de la grande dévotion qu'ils avaient, et qu'ils prêchaient d'avoir, pour *la sainte Vierge*. On les a appellés idolâtres, parce que, disait-on, ils fesaient adorer la mere de Dieu. Jamais les jésuites n'ont prêché une pareille impiété. Il n'existe, et n'a jamais existé, aucun de leurs écrits qui contienne une si extravagante doctrine. Elle ne peut donc avoir été conçue et inventée que par la passion et l'animosité de leurs ennemis. Les jésuites étaient trop éclairés ; & trop attachés à la saine Doctrine de l'Eglise, pour avoir jamais pu donner dans un pareil écart. Ils étaient certainement très-dévots *à Marie ;* ils prêchaient même beaucoup, sur les avantages de cette dévotion. Mais ils la pratiquaient et la prêchaient comme l'Eglise l'a toujours enseignée : comme tous les SS. Peres l'ont prêchée et pratiquée eux-mêmes ; comme ils l'ont si énergiquement expliquée, et si expressément recommandée aux Fideles. Jamais peut-être les jésuites n'ont dit, à ce sujet, tout ce qu'en a dit *S. Bernard*, et tout ce qu'on en voit dans ses sublimes sermons. Les jésuites savaient que la *sainte Vierge* n'a et ne peut avoir, d'elle-même, aucune espece de pouvoir. Mais ils croyaient, et nous le croyons aussi, que la sainte Vierge, en sa qualité de mere de Dieu, a tout pouvoir auprès de lui. Ils savaient, au moins, aussi bien que nous, qu'on ne doit adorer que Dieu seul; mais ils savaient et ils prêchaient qu'on peut honorer les Saints et d'une maniere particuliere, la sainte Vierge, que l'Eglise appelle la reine de tous les Saints. Jésus-Christ sur l'arbre de la Croix la déclara la Mere de tous les hommes en la personne de *S. Jean. Femme, voilà votre fils* (48). Il la présenta à tous les hommes en la personne du même apôtre pour leur mere, en disant: *voilà votre mere* (49). N'est-il pas dit dans l'Evangile *que toutes les nations appelleront* Marie *bienheureuse, parce que le Tout-Puissant a opéré en elle de grandes choses* (50), et cette prédiction sortie de sa bouche même, dans le temps qu'elle portait dans ses flancs le Dieu du ciel et de la terre, pourrait-elle être illusoire? Répugne-t-il à la grandeur et à la toute-puissance du Très-Haut que les hommes puissent avoir auprès de lui des intercesseurs pour fléchir sa colere? *Dieu ne retira-t-il pas plusieurs fois les fléaux dont il frappait le roi Pharaön à la seule priere de Moïse* (51), lorsque les Israélites, délivrés de la servitude d'Egypte

(48) Joann. 19 26. — (49) Ibidem, ℣ 27.
(50) Luc. 1-48-49. — (51) Exod. 8 12 30..

s'endurcissaient dans le mal ? Dieu voulait *entierement les détruire ; mais Moïse*, pour le peuple comme pour le roi, *pria le Seigneur d'appaiser son courroux, et de pardonner à son peuple, quoiqu'infidele à ses volontés. . . . Sa priere appaisa le Seigneur, qui n'envoya pas à son peuple les fléaux qu'il était prêt de lancer contre lui.* (52)

Dans la nouvelle Loi, nous avons un intercesseur plus puissant que Moïse, puisque c'est J.C. lui-même ; mais s'il a voulu que sa Mere fût la nôtre, et que nous nous regardions comme ses enfans, n'aurons-nous pas raison d'implorer sa puissante intercession, auprès de Dieu, et n'aura-t-elle pas plus d'accès et plus à obtenir de son Fils que Moïse n'en peut obtenir lui-même.

Cinquieme reproche fait aux jésuites de ce qu'ils avaient la confiance de tous les Souverains catholiques.

On a fait un crime aux jésuites de la grande confiance que voulaient bien avoir en eux les Princes catholiques. Elle prouvait cependant en faveur de leurs principes et de leurs talents, et ne pouvait conséquemment que les honorer. Mais leurs ennemis qui ne mériterent jamais que la plus grande indifférence, et la commisération, imaginerent d'inventer, peut-être même de persuader à certains en-

(52) Exod. 33 9 et sequent.

prits faibles, que les jésuites avaient séduit tous les princes pour s'attirer leur confiance, et par ce moyen détrôner tous les rois pour s'emparer de tous les trônes. A quels écarts la passion, la jalousie et la méchanceté peuvent porter l'esprit de l'homme? peut-on raisonnablement imaginer qu'un corps religieux, tel ambitieux qu'on le suppose, ait jamais pû concevoir l'idée fole, extravagante et insensée de devenir les rois de l'Europe, tandis que d'un autre côté, comme nous venons de le voir, on fesait un crime à ses membres de prêcher une trop grande soumission à ces mêmes rois de l'Europe? A-t-on jamais pu prêter à quelqu'un l'idée d'un projet si évidemment contradictoire avec ses principes et sa conduite: d'un projet si destitué de toute vraisemblance; si dépourvu de tout moyen quelconque; si contraire à la Religion, à la justice, au sens commun: d'un projet si injurieux pour toutes les puissances; si déshonorant pour tous les peuples; en un mot si physiquement impossible que, s'il eût réellement existé, on pourrait le comparer au projet impie des enfans de Noé, pour la construction de la tour de Babel? encore même la comparaison ne serait pas juste, puisque les enfans de Noé conçurent véritablement le projet de la bâtir, et qu'ils avaient même commencé à la construire, au lieu qu'il est impossible que les jésuites aient jamais pû avoir l'idée de s'emparer de tous les trônes, et que, bien loin d'avoir jamais rien entrepris contre aucune puissance, ils ont sans cesse prêché la soumission et le respect qui sont dûs aux puissances; et lorsque Dieu a permis leur destruction, ils se sont soumis avec résignation, et sans murmure, comme ils l'avaient prêché avec zele et avec constance, aux ordres de ces mêmes puissances.

Sixième reproche fait aux jésuites sur leur prétendu négoce.

On a dit que les jésuites s'adonnaient au commerce. Personne n'ignore que le nouveau monde doit, en grande partie, sa conversion à la Foi à la Prédication des jésuites. Le nom de *S. François Xavier*, surnommé l'Apôtre des Indes, sera un monument éternel, dans les fastes de l'Eglise, du zele ardent qui l'anima, ainsi que ses dignes confreres, pour arracher de l'esclavage de l'infidélité et éclairer des lumieres de l'Evangile tous les peuples de ces contrées. Tout le monde sait quels prodigieux succès couronnerent des motifs aussi purs, des travaux si pénibles,

Les jésuites avaient grand nombre de leurs confreres dans ces régions lointaines; pour pouvoir propager avec plus de fruit les principes de l'Evangile. Ils avaient nécessairement des correspondances entre-eux. Ceux du continent envoyaient à ceux des colonies des provisions dans tous les genres, dont ceux-ci manquaient, dans ces pays nouvellement découverts. Ceux des colonies renvoyaient à ceux d'Europe, en dédommagement, les productions des îles, que la piété naissante de leurs néophites leur donnait en offrande. Il peut se faire que, ces offrandes ne suffisant pas pour dédommager entierement les maisons d'Europe des envois considérables qu'elles faisaient passer à celles des colonies, celles-ci ne prissent des moyens justes pour faire rentrer, dans les premieres, les avances qu'elles en avaient reçues et qu'elles en recevaient sans cesse.

Voilà le grand négoce, qu'on a tant publié, que fesaient les jésuites. Voilà le prétexte dont se sont servis leurs ennemis pour leur nuire. On les a accusés de vouloir s'emparer exclusivement du commerce du monde. On a dit qu'ils avaient fait, tantôt des banqueroutes énormes, tantôt des fortunes brillantes. Ces calomnies souvent répétées, plus souvent exagérées, et toujours présentées sous les couleurs les plus hideuses et les plus désastreuses pour les gouvernemens, jointes à toutes celles que nous avons déjà citées, déterminerent enfin les gouvernemens à détruire cette société si fameuse. Les talens, la doctrine et les vertus des membres qui la composaient étaient cependant comme je l'ai déjà dit, et comme je ne cesserai de le dire, les plus fermes appuis des trônes, les plus intrépides défenseurs de l'autel. S'ils eussent été moins instruits, moins vertueux et moins utiles, ils auraient été conservés. Mais la grande renommée de leur mérite, continuellement représenté avec acharnement, avec fureur, comme dangereux pour les gouvernemens, est peut-être la principale cause de leur destruction, tandis qu'ils auraient dû en être plus soigneusement conservés.

Les jésuites étaient des sentinelles qui veillaient sans cesse pour empêcher les incrédules de porter aucune atteinte à la foi. Lorsqu'il paraissait un ouvrage contraire à quelque dogme de la religion, à quelque point de morale ou aux bonnes mœurs, il le combattaient victorieusement et pulvérisaient tous les sophismes des impies. Aussi les philosophes du siecle étaient-ils leurs ennemis jurés : aussi n'ont-ils pas manqué de se réunir à ceux qui tramaient les moyens de les détruire. Un royaume hétérodoxe et naturellement jaloux de la splendeur des autres n'a pas peu contribué à la destruction des jésuites. La guerre qu'ils avaient déclarée à toutes les hérésies, les combats victorieux qu'ils leurs livraient sans cesse, a fait craindre à ce royaume, qui voulait être hérétique, d'en être un jour ébranlé. Les jésuites par leurs talens, leurs relations et leur position, favorisaient, sans le faire eux-mêmes, le commerce des puissances dont ils étaient dépendans; et ce royaume privé, par ses opinions religieuses, d'avoir une si grande ressource; envieux d'ailleurs de devenir le maître ou l'arbitre du commerce du monde, a tâché de se débarrasser de ceux qui par leurs lumieres, peut-être même leur politique, et sur-tout par leurs conseils, auraient rendu inutiles ses projets et ses entreprises. Les insinuations de ce gouvernement auprès des puissances catholiques, pour la destruction des jésuites, ont été reçues avec d'autant plus d'empressement, qu'elles paraissaient désintéressées. Ainsi les jésuites ont été les victimes de la calomnie et de la cupidité de leurs ennemis, et les Puissances catholiques l'ont été de leur bonne foi et de leur crédulité.

Du reste, s'il a existé dans la société des jésuites des hommes ambitieux, intéressés et indignes de leur état, je suis bien loin de les comprendre dans tout ce que je viens de dire en faveur de ce corps. Mais d'après la connaissance que j'ai acquise des talens, des vertus et de la doctrine de tous ces membres en général, je suis fermement convaincu qu'il n'a jamais existé une société d'hommes, de religieux, aussi nombreuse et aussi répandue qui ait fourni aussi peu de membres indignes que celle des jésuites. Ils étaient d'ailleurs hommes, par conséquent fautifs; mais on peut dire qu'il y en avait bien peu de vicieux, si toutefois même il y en avait qui le fussent véritablement. Si le corps entier avait donc été la victime des erreurs ou des écarts de quelqu'un de ses chefs, la totalité des membres innocens est du moins bien à plaindre, sans avoir participé au délit, si même il y en a existé, d'avoir été enveloppée dans la punition du coupable; la Chrétienté plus malheureuse encore d'avoir été tout-à-coup privée des lumieres et du zele qui caractérisaient les membres de cette société: il était d'ailleurs si aisé, si elle en renfermait quelqu'un qui en fut indigne, de le séparer d'un corps qu'il ne pouvait que déshonorer.

Me référant encore à la cause morale plutôt qu'à la cause physique de la destruction des jésuites, je persisterai à croire et à dire qu'elle a été un fléau du Ciel. Je dirai que touts ceux dont nous sommes présentement affligés sont une suite, presque nécessaire, de cette destruction ; puisque nous avons vu depuis le libertinage et l'irréligion parvenir à leur comble. Je ne verrai donc dans tous les efforts qu'ont pu faire leurs ennemis pour les détruire que les instrumens aveugles des vengeances divines. Ainsi l'esprit impur provoqua tous les malheurs de Job ; il en fut l'exécuteur, mais Dieu en fut l'arbitre ; et il permit ce mal, pour éprouver la patience de ce saint homme. (53)

Je finirai ce chapitre en fesant les vœux les plus ardens, comme les plus sinceres, pour que le Ciel nous regarde enfin avec les yeux de sa miséricorde, après avoir déployé contre nous les rigueurs de sa justice. Qu'il fasse que la France, qui a été la premiere des puissances qui a détruit les jésuites, comme elle en est la premiere victime, soit aussi la premiere à les réintégrer! Malgré l'extinction de la plus grande partie des membres qui composaient cette société, le peu qui en reste encore serait peut-être suffisant pour en perpé-

(53) Job, 1.6.

tuer l'esprit. Cette réhabilitation serait, je crois, le moyen le plus propre pour concourir efficacement au rétablissement de la religion, des mœurs et de la bonne éducation; pour ramener tous les esprits à cette dépendance, à cette soumission aux puissances de l'église et de l'état, si nécessaires pour la splendeur de l'une, pour la conservation de l'autre, et pour le bonheur de la société entiere.

J'espére qu'eu égard à la pureté de mes motifs, on me pardonnera une si longue digression. Les détails dans lesquels je suis entré auront peut-être été trouvés longs, mais je les ai cru nécessaires; ils n'étaient pas d'ailleurs étrangers à mon sujet: j'ai relevé une calomnie et tâché de détruire d'injustes préventions. Mes vœux, à cet égard, fussent-ils inutiles, j'aurai du moins la consolation de les avoir formés et d'avoir été à même de rappeller des vérités trop méconnues de nos jours. Je reprends le fil de mes réflexions sur l'ouvrage de l'auteur d'*une fleur*.

CHAPITRE VI.

Fausse application du mot abandonné, *employé par l'auteur d'*une fleur, *au sujet de la sortie du royaume des princes et princesses de la famille royale.*

CET auteur dit *le roi lui-même se vit abandonné par la plus grande partie de sa famille:* ce mot *abandonné* me paraît injurieux aux motifs puissans et si dignes d'éloges, qui engagerent et qui forcerent même les trop infortunés freres et cousins du roi à s'éloigner de sa personne. Et qu'eussent-ils fait sur les marches du trône, qu'augmenter le nombre des victimes qu'il a faites dans sa chûte? N'avons-nous pas assez à pleurer éternellement sur la perte tragique de notre vertueux monarque; sur les maux inrombrables et les dangers imminens que courent sans cesse notre auguste reine, son innocente famille, et la pieuse mad. Elisabeth? Ne devons-nous pas nous féliciter que nos illustres princes aient quitté la France, pour la préserver de la honte de nouveaux crimes, et concourir, comme ils tâchent de le faire, à la rétablir dans sa premiere splendeur? Ils en sortirent. dans la ferme persuasion que, bientôt entourés de la loyale noblesse française et secondés par le concours des puissances étrangeres, ils pourraient se rapprocher de sa majesté, éloigner de son trône cette horde de brigands qui l'y obsédaient et qui l'en ont précipité. Les plus heureux succes eussent dû couronner de si nobles desseins. D'ailleurs le roi lui-même avait consenti et exigé même cette séparation; il voyait bien que les princes ne pouvaient rien auprès de lui, que courir des dangers, sans diminuer ceux qu'il pouvait courir lui-même: aussi ordonna-t-il expressément à M. le comte d'Artois, dans le moment plus exposé que les autres princes, à sortir du royaume. Si M. le comte de Provence n'en sortit pas en même temps, c'est que, n'ayant pas encore des dangers à courir, il faisait en sorte de saisir un moment favorable pour arracher le roi & toute sa famille des fers dans lesquels ils commençaient à gémir, et lorsqu'il quitta lui-même le royaume, il avait pris des mesures pour en faire sortir en même temps les infortunés captifs. L'héritier du nom et des vertus du Grand Condé, et les deux princes ses enfans, si dignes d'un tel pere, furent guidés par les mêmes motifs, pour atteindre le même but. On ne peut donc pas dire que les princes-du-sang aient *abandonné* le roi.

L'auteur d'*une fleur* veut-il parler de mad. Adelaïde et de madame Victoire de France ? Mais le roi lui-même ne les engagea-t-il pas à *profiter du moment*, où elles pourraient, peut-être sans risque, passer dans l'étranger ? Elles furent cependant arrêtées, outragées, et soumises à des formalités humiliantes, sans doute, pour des princesses, mais méritoires pour des ames religieuses. Et n'eussent-elles pas eu le consentement ou l'invitation expresse du roi, qu'auraient-elles pû faire en restant auprès de sa majesté ? Si leur vie eût pû sauver la sienne, et préserver la France des malheurs qui l'accablent, elles l'eussent sacrifiée mille fois. Mais ne pouvant qu'augmenter le nombre des victimes, sans sauver la principale, nous devons nous réjouir, si nos malheurs pouvaient nous permettre ce sentiment, qu'elles nous soient conservées, La France a un si grand besoin de leurs ferventes prieres! Combien doivent-elles avoir besoin de consolations à la vue de tous les malheurs qui poursuivent, sans relâche, leur innocente famille? Mais combien elles doivent se trouver heureuses que *le Pontife suprême de l'Eglise universelle, le Vicaire de Jésus-Christ* sur la terre, soit leur consolateur, leur soutien, leur pere, leur ami, leur intercesseur auprès de Dieu? Ainsi autrefois *les saintes Femmes, et la Mere même de J. C. se réfugierent auprès des saints Apôtres, pour prier avec eux* (54). Qu'il est Grand ce Pontife sacré qui, tandis que son ame est déchirée par tous les maux dont les impies accablent la Religion, console avec bonté, avec empressement, et avec une tendresse paternelle, les deux filles de S. Louis! La sainteté encourage la vertu. Aussi les exemples de Religion et de Piété, que donnent nos deux princesses affligées, édifient la Capitale du Monde chrétien; et l'Univers chrétien, compatissant à leurs peines, à l'exemples de l'immortel PIE VI, réunit aussi, avec ce Grand Pontife, ses prieres aux leurs, pour désarmer l'Eternel.

CHAPITRE VII.

*Expression impropre et injurieuse, employée par l'auteur d'*UNE FLEUR*, contre les royalistes*

ON ne peut pas concevoir pourquoi l'auteur d'*une fleur* se plaît tant à adopter non-

(54) Act. 1 14.

seulement certains principes mais encore certaines expressions, pour lesquelles il n'eût dû que témoigner de l'horreur? Pourquoi se servir des termes que nos tyrans ont imaginés pour jeter du ridicule, ou de l'odieux, sur la partie saine de la nation française? Cet auteur, en parlant des défenseurs intrépides de l'Autel et du trône, dit *les Maury* (u), *les d'Espreménil*, *les Cazalès devinrent les champions du parti des noirs ou aristocrates.* On devrait d'abord être corrigé d'appeller les royalistes aristocrates. Nous ne sommes pas plus pour l'aristocratie que pour la démocratie; nous sommes pour les rois, nous devons donc être appellés royalistes. En donnant la dénomination de *noirs* à ceux de ce parti, l'auteur d'*une fleur* ignorait, sans doute, que les scélérats, qu'on appelle à Paris la bande des sans-culottes, sont appellés la bande *noire* dans une des plus grandes villes du royaume. L'on entend donc par cette qualification ceux qui font des noirceurs, des bassesses &c. et aujourd'hui on entend ceux qui exercent la tyrannie, l'inhumanité, et qui commettent tous les crimes. Pourquoi donc faire une pareille application à l'égard des individus d'un parti

(u) On ne peut prononcer le nom d'un si grand-homme, aujourd'hui Archevêque de Nicée, sans être pénétré d'admiration pour les talens et le courage qu'il déploya constamment dans la premiere assemblée. On ne saurait trop répéter ce qu'a dit, à son sujet, l'immortelle Catherine: que *le Pape est heureux d'avoir pû récompenser le mérite de ce brave et loyal homme.*

aussi pur, aussi loyal, et aussi religieux que l'est, et que l'a toujours été, le parti des royalistes? Quoique la pureté de leurs principes soit assez connue de l'univers entier, pourquoi les désigner par des noms odieux qui ne peuvent convenir qu'à leurs infâmes persécuteurs? L'auteur d'*une fleur* ne doit pas se persuader d'être excusable, en pouvant dire qu'il s'est servi de ce terme d'une maniere ironique? Il a écrit et sera lu uniquement dans l'étranger. Il n'a pas expliqué sur qui devait tomber la noirceur de son expression. Aussi a t'on vu des étrangers demander si les royalistes s'étaient donnés eux-mêmes une qualification si désavantageuse. Ils étaient autorisés à le croire, la voyant employée dans un éloge de Louis XVI, et apparemment par un pur royaliste. Il a donc fallu leur dire que les démocrates avaient voulu désigner par ce nom ceux qui ne pensaient pas comme eux. Je ne doute nullement que l'auteur d'*une fleur* en employant ce mot, comme synonime d'aristocrate, ait pû penser autrement; aussi je ne blâme pas son intention que je dois supposer pure, mais j'improuve une application d'abord parfaitement inutile et très-déplacée dans les circonstances.

CHAPITRE VIII.

*Éloge de M. de Brienne, de M. de la Fayette et du comte de Mirabeau, par l'auteur d'*UNE FLEUR.

L'Auteur d'*une fleur* ne s'est pas contenté d'admirer et d'adopter certains principes de nos impies, il veut encore faire l'éloge de ceux d'entr'eux qui les ont professés. Jusques-là il est très-conséquent dans sa conduite. Au sujet du ministere de Mr. de Brienne, alors archevêque de Toulouse, il dit *un prélat, recommandable par ses talents et ses lumieres, parut alors sur le scene, comme administrateur général des finances et principal ministre.....! Le début de M. de Brienne fut assez heureux. Ses premieres opérations lui concilierent l'estime générale.* Sans être moins indulgent, mais plus juste que cet auteur, j'oserai dire que Mr. de Brienne n'eut jamais les talens et les lumieres qui peuvent rendre un homme recommandable. Mr. de Brienne était dominé par une imagination vive, et extrêmement exaltée, qui lui faisait entreprendre tout ce qu'elle lui inspirait. Il ne s'occupait pas d'employer des moyens sages et prudents, il n'en avait que de violents comme lui *(v)*; aussi ne pouvait-il jamais at-

(v) Comme M. de Brienne aspirait au ministere depuis qu'il fut nommé à l'évêché de Condom, on le proposa à Louis XV qui dit *ne me*

teindre un but avantageux, si ce n'est pour son élevation et celle de sa famille. Son esprit comme un orage continuel s'évaporait sans cesse en éclairs; et lorsqu'on a voulu dans un temps d'obscurité s'en servir comme d'une lumiere capable d'éclairer tout un royaume, on s'est trouvé, après en avoir fait le malheureux essai, dans une nuit plus profonde qu'auparavant. Une tempête horrible est de plus survenue, et a été suivie d'un ouragan affreux qui a tout ravagé. M. de Brienne eut des élans de génie sans esprit, des idées sans cohérence, des talens sans discernement, des vues sans moyens; enfin M. de Brienne fut un philosophe sans principes *(x)*, qui déshonora toutes les places émi-

parlez plus de cet homme bouillant; s'il était ministre, il bouleverserait tout mon royaume. Ce qu'il n'a pû faire sous Louis XV, il l'a fait sous Louis XVI.

(x) M. de Brienne pressant un de ses vicaires généraux à prêter le serment, celui-ci lui répondit qu'il ne croyait pas pouvoir le faire, et ajouta *voyez si aucun autre archevêque le prête, voyez la presque totalité des évêques s'y refuser également, voyez quelle est la fermeté de votre successeur à Toulouse.* M. de Brienne répondit à cela *oui, oui je sais que M. de Fontanges a des principes, mais* . . . . Le vice rend encore ici hommage à la vertu. Combien la ville et le diocese de Toulouse doivent aussi se féliciter de n'avoir plus pour pasteur un prélat qui reconnaît des principes dans les autres, tandis qu'il se fait une gloire de les enfreindre tous; d'avoir à sa place M. de Fontanges qui, dans le peu de

nentes où la brigue et son ambition démesurée le firent parvenir. Il a été le seul ministre d'état, qui en si peu de temps ait osé entreprendre de changer tout le royaume : il est le seul de tous les Archevêques, qui ait prévariqué dans la Foi : il est le seul des Cardinaux, depuis la fondation du sacré College, qui ait eu l'audace de préférer se soumettre aux loix des impies plutôt que de conserver la Pourpre romaine qu'il a déshonorée ; la légitimité de l'Episcopat, qu'il a lâchement sacrifiée ; la Religion qu'il a si indignement trahie. Mais ne parlons plus de cet homme que Dieu dans ses vengeances a donné à la France pour causer ou du moins pour accélérer ses malheurs. Nous n'aurions même pas cherché à réveiller ici l'idée désagréable qu'inspire son nom *d'ignominie*, si l'auteur d'*une fleur*, dont nous avons pris à tâche de rectifier les écarts, n'en eût fait un homme *recommandable*, et précisément dans un éloge à Louis XVI. Il aurait dû cependant se souvenir que c'est ce prélat fougueux qui a précipité ce bon roi dans le gouffre d'où il n'a plus été possible de le retirer, et où il a été englouti. Malheur irréparable qui sera à jamais la honte et l'exécration de ce ministre

temps qu'il lui a été permis de rester au milieu de son troupeau, s'est concilié l'estime, la confiance et la vénération générales, et qui réunit aux vertus de son état cette bonté et cette aménité qui gagnent tous les cœurs et qui annoncent le bon et le digne pasteur !

doublement criminel d'avoir voulu faire l'essai de son insuffisance dans le ministere de l'état, après n'avoir montré que son indignité dans le ministere de l'Eglise!

On ne peut pas plus justifier l'éloge que l'auteur d'*une fleur* croit sans doute pouvoir faire de monsr. le marquis de la Fayette. Il dit *la fuite de la Fayette est, selon nous, le plus beau trait de sa vie; elle prouve en même temps et son attachement pour le roi et la monarchie, et son eloignement pour une cause, qu'il devait rougir désormais de servir.* Cet auteur, en voulant donner des louanges à M. de la Fayette, induit à croire que ce général n'a jamais rien fait de bien, puisqu'il donne pour un des plus beaux traits de sa vie une fuite dont il ne peut avoir aucune espece de mérite; car il faudrait pour cela que ce général eût pû continuer de servir cette même cause, et que, le pouvant, il l'eût volontairement abandonnée: or tout le monde sait, et il le savait bien aussi, qu'à l'époque de sa désertion sa tête avait été plusieurs fois mise à prix. Tout le monde sait, et il le savait bien aussi, que l'assemblée avait décidé sa perte, et qu'elle avait donné des ordres pour le faire arrêter. Tout le monde sait qu'on avait travaillé l'esprit de ses soldats qui commençaient à se dégoûter de lui, comme ils l'ont fait depuis, et comme ils le font encore de tous les généraux qui les commandent. M. de la Fayette fut donc forcé de quitter la France, prévoyant bien, comme son successeur Dumouriez, qu'il finirait par porter sa tête sur l'échafaud, s'il y restait encore. Cette fuite prouve donc uniquement *son attachement* à la vie, *et son éloignement* pour le supplice; mais pour qu'elle prouvât ce qu'en dit l'auteur d'*une fleur*, il faudrait encore que, jusqu'à l'époque de sa désertion forcée, ce général n'eût rien à se reprocher, capable de le faire *rougir*, contre le monarque et contre la monarchie: or n'a t'il rien à se reprocher contre le monarque, dans les crimes de Versailles, *du 5 et 6 octobre?* n'a t'il rien à se reprocher dans l'arrestation du roi *à Varennes*, et dans le retour forcé de ce prince infortuné *à Paris?* n'a t'il rien à se reprocher pendant son généralat de la garde-nationale parisienne? N'a t'il rien à se reprocher contre la monarchie? n'est-il pas l'auteur de ce principe anti-social et destructeur de toute autorité légitime: que *l'insurrection est le plus saint des devoirs?* principe qu'il a si bien suivi, et qu'on suit si bien encore. N'a t'il pas..... Mais je me tais, et l'auteur d'*une fleur*, voulant favoriser Mr. de la Fayette, n'avait rien de mieux à faire que de se taire également sur son compte; et au lieu de dire, pour conclusion de son éloge, *d'ailleurs qu'on se souvienne que la Fayette était l'ami de Washington*, il devait se souvenir lui-même que Washington n'était alors qu'un sujet révolté contre son souverain, et que ce n'est pas faire l'éloge de Mr. de la Fayette que de le dire l'ami d'un chef de rebelles.

Prodigue d'éloges pour les constitutionnels, l'auteur d'*une fleur* en donne aussi à M. le comte de Mirabeau. Il prête à cet homme assez *de talens* et assez *d'influence* pour *arrêter la faction désorganisatrice dans sa marche, et opérer une heureuse conciliation.* Et il ajoute : *Mirabeau n'était plus, et la France avait perdu son flambeau le plus lumineux.* Je n'examinerai pas ici si réellement Mirabeau aurait pû arrêter le torrent auquel lui-même avait donné un essor si rapide. Je doute qu'il l'eût pû, et je crois qu'il en eût été entraîné lui-même, s'il eût voulu l'entreprendre. Je doute bien plus encore que, même le pouvant, il eût voulu sincerement l'arrêter. Peut-on en effet se persuader qu'un homme aussi essentiellement immoral eût pû consentir, de bonne foi, à détruire son ouvrage? Le regne du crime, qu'il avait établi, établissait aussi son empire. Il connaissait assez l'esprit révolutionnaire, pour devoir s'imaginer qu'étant devenu le roi de l'opinion publique, par ses forfaits, il en deviendrait infailliblement la victime, par des ménagemens. Cependant l'appât d'un grand intérêt eût peut-être été capable de déterminer son ame vile à faire quelque effort pour pencher vers le bien : mais cette même cupidité, qui l'eût fait sortir de son élément naturel, n'eût-elle pas été capable de le ramener au mal, son véritable centre?

Mais quels qu'aient été les talens et les vues de M. de Mirabeau, d'après tout ce qu'il a fait, peut-on dire que par sa mort *la France a perdu son flambeau le plus lumineux ?* On eût pû pardonner cet écart à l'auteur d'*une fleur*, si Mirabeau avait toujours fait pour le bien, ce qu'il a constamment fait pour le mal. Mais un homme qui, depuis son enfance jusqu'à sa mort, n'a commis que des crimes, n'a mérité que des supplices; un homme qui s'est toujours montré fils ingrat et dénaturé, époux infidele et barbare; citoyen sans amour de la patrie; gentilhomme sans honneur et sans délicatesse; Chrétien seulement par le Baptême, mais athée par ses principes *(y)*; philosophe sans sagesse; législateur sans vertus: un homme qui s'est fait un jeu de concourir, de tout son pouvoir, à bouleverser toutes les loix divines et humaines qui fesaient le bonheur d'un grand royaume, pour substituer à leur place des loix impies, injustes et barbares: un homme sans mœurs, sans probité, qui a eu généralement tous les vices et pas une seule vertu, peut-il être appellé *le flambeau le plus lumineux de la France ?* Ha! plutôt la France serait bien plus heureuse, si elle n'eût pas donné naissance à cet homme qu'on peut bien appeller la torche qui a incendié et l'Autel et le trône!

Qui se serait attendu que, sur le tombeau de Louis XVI, victime de la révolution, on dût trouver l'éloge de M. de Brienne, premier auteur de cette même révolution; de M. de la Fayette, le plus ardent défenseur de la

(y) On ne peut venir à bout de rien, a-t-il dit, si on ne *décatholise* la France.

révolution ; de M. de Mirabeau, le principal faiseur de cette même révolution ? Quelle profanation ! Mais ce n'est pas seulement dans la préconisation de ces trois personnages que l'auteur d'*une fleur* est en défaut sur la pureté des ses principes de politique et de morale, son ouvrage est rempli de maximes et d'expressions, qui ne peuvent laisser aucun doute, qu'il n'est pas meilleur royaliste que parfait chrétien. J'ose même avancer qu'il paraît, par l'ensemble de tout ce qu'il dit au sujet de la constitution, qu'il n'est pas très-éloigné d'en être le partisan. L'anonyme dans lequel il s'est enveloppé, et les précautions qu'il a prises pour n'être pas connu, bien loin de l'excuser, ne le rendent que plus répréhensible et plus suspect. Et que ne choisissait-il un tout autre sujet pour professer, plus à son aise, ses principes dangereux, et excuser sans gêne ceux dont il est le partisan !

Du reste, je fais profession d'indulgence, et sur des bases plus pures et plus légitimes que celles sur lesquelles l'auteur d'*une fleur* veut étayer la sienne ; je voudrais pouvoir l'obtenir, et être à même de l'implorer avec succès pour tous ceux, sur-tout, qui, dans les commencemens de cette malheureuse révolution, ont donné dans des écarts purement politiques (z) : la grande fermentation des es-

(z) Ce n'est pas pour moi que je parle d'indulgence, du moins pour ce sujet. Mes supérieurs, sans prétendre en tirer aucune espece de mérite, savent quelle a été ma conduite dans les premiers temps même de la révolution.

prits, la pente que paraissaient prendre les affaires à un bouleversement général, et dans quelques-uns l'étendue des lumieres et la pureté des motifs, peuvent les avoir engagés à tâcher d'employer utilement leurs talents, pour la prospérité de la chose publique. Aussi s'ils ont tout abandonné, quand ils ont pu être suffisamment convaincus, que rien ne pouvait plus arrêter ce torrent destructeur, ils sont déjà assez punis, du peu de succès de leurs travaux et de leurs bonnes intentions. Ils n'ont donc pas besoin que ces hommes qui se croient du bon parti, en disant qu'ils ne pardonneront jamais, viennent renouveller la plaie encore saignante de leurs erreurs et de leur répentir. Il faut plaindre et pardonner, plutôt que d'accuser et de punir. Et si dans le retour des choses en France, les personnes, d'ailleurs bien pensantes, ne s'arment de ces deux principes que la grandeur-d'ame prescrit, et que la Religion ordonne, je ne craindrai pas de dire qu'un esprit de prévention, de haine, de vengeance et de récrimination, serait le plus grand obstacle à une parfaite contre-révolution, et peut-être la source d'une seconde révolution.

Un Dieu, pardonnant sur la croix, sera le modele que suivra le Clergé. Un roi, pardonnant sur l'échafaud, sera le modele que devra suivre la noblesse. Ces deux grands exemples, si faits pour être imités de tous les hommes, le seront du moins par ceux qui ont tout sacrifié pour la défense de la Religion et pour la conservation du trône. On n'approuvera pas les fautes, mais on les pardonnera; dans l'application même des expiations que l'Eglise et l'état exigeront de ceux qui ont violé toutes les loix, et qui ont persévéré dans leur rebellion jusqu'à la fin, on verra sans doute un pere qui châtie ses enfans égarés, plutôt pour les ramener au bien que pour se donner le plaisir de leur faire du mal; plutôt par un esprit de commisération, que par un esprit de vengeance; plutôt pour prémunir la postérité, que pour affliger encore la génération présente.

Et pour qu'une telle punition puisse même être salutaire au siecle actuel, et digne d'être imitée par les siecles à venir, il faut nécessairement que toute haine particuliere, et toute vengeance arbitraire, soit généreusement sacrifiée à l'intérêt général. Il faut que chacun laisse aux puissances établies de Dieu, pour récompenser la vertu comme pour punir le crime, le soin de s'acquitter sans entrave, et sans complication, de ce double et pénible devoir.

Je crois devoir faire observer en finissant que fait pour recevoir des leçons, dans tout ce que j'ai dit, je n'ai voulu ni prétendu en donner à personne. J'ai écrit ce que je pense, et si dans la réfutation que je viens de faire de certains principes qui m'ont paru dangereux, j'en avais avancé, moi-même, contre mon intention, qui ne fussent pas conformes à la saine morale, à la droite politique et à la pure vérité, je les rétracterais authentiquement, et je les rétracte d'avance.

A LOUIS XVI.

Pardonnez, ô mon roi! à un zele partisan de vos vertus, de les avoir si faiblement vengées. Si les lumieres de mon esprit eussent répondu aux sentimens de mon cœur, je les aurais plus dignement célébrées; mais pour pouvoir les représenter avec toute l'énergie dont elles sont susceptibles, il faudrait être aussi profondément savant, que vous fûtes éminemment vertueux. Quoique tant d'autres aient pû remplir, bien mieux que moi, un si noble sujet, on en a été et on en sera encore infiniment au-dessous, parce que vous êtes au-dessus de tout éloge. Je crois donc ne pouvoir mieux suppléer à l'insuffisance de mes talens qu'en rapportant ici vos *dernieres volontés* ou plutôt vos derniers *sentimens*. Ce monument éternel de vos vertus, et de la pureté de vos principes, ne saurait être trop connu et sur-tout trop médité, dans un siecle où la dépravation des mœurs et des systêmes pervers ont causé vos malheurs et prolongent les nôtres. Nous le lirons donc, ô mon roi! ce testament que vous nous avez laissé; nous le graverons dans notre mémoire: il sera la regle de notre foi et de notre conduite. Nous y apprendrons les vertus que vous avez pratiquées, et nous nous efforcerons de les imiter toutes. Vos malheurs étant les nôtres, nous tâcherons de nous pénétrer des mêmes sentimens qui vous les firent supporter toujours avec tant de courage. La Religion a été votre seule consolation, elle sera aussi uniquement la nôtre. Nous nous convaincrons de l'excellence et de la nécessité de ce grand précepte de l'Evangile, de la charité chrétienne, dont vous nous avez donné des exemples si frappants. Oui nous pardonnerons comme vous, ô mon roi! *à ceux qui se sont faits nos ennemis, sans que nous leur ayons donné aucun sujet de l'être:* comme vous, nous prierons Dieu de leur pardonner; nous ne desirerons par leur mort, mais leur conversion et leur vie.

AU PEUPLE FRANÇAIS.

Et toi, *peuple français*, peut être plus égaré que coupable, plus esclave que libre, autant à plaindre qu'à blâmer, jusques à quand resteras-tu soumis aux volontés de cette poignée de factieux, le fléau du Ciel et de la terre? Ne t'opposeras-tu pas enfin à tous les forfaits que ces tigres, altérés de sang, commettent en ton nom? Jusques à quand seras-tu l'instrument fatal, et la victime aveugle, de leur barbarie et de leurs atrocités? Ne reconnaîtras-tu pas au moins qu'on t'a trompé et qu'on te trompe encore, en te parlant de ton prétendu bonheur? N'as-tu pas appris, par une trop fatale expérience, que le crime ne saurait jamais faire d'heureux et que, depuis qu'on t'a rendu si criminel, tu es le plus malheureux de tous les peuples du monde? Compare donc ton état actuel avec celui que tu avais auparavant : vois si tu es l'égal même de ceux qui te prêchent l'égalité! Ils sont dans l'abondance, ils vivent dans les plaisirs, et tu es dans la misere, et tu ne vis que d'amertumes. Ils te prêchent l'égalité, et ils ne s'exposent à aucun danger, tandis qu'ils livrent tes peres, tes enfants, tes freres, tes amis à tous les horreurs d'une guerre meurtriere. Vois si tu es libre dans ce prétendu regne de la liberté! Tu ne peux pas seulement rendre à Dieu le culte légitime qui lui est dû, et que tout te portait à lui rendre, dans un temps plus propice. Non-seulement tu ne peux pas professer publiquement toutes tes opinions pour le bien, mais tu es forcé de n'en manifester que pour le mal. Tes tyrans disposent impérieusement de tes propriétés, du fruit de tes sueurs, de ton sang même, sans qu'il te soit permis de réclamer contre leurs injustices, contre leur barbarie, et tu pourrais encore te croire libre? Les dangers t'environnent de toutes parts, la menace des supplices frappe sans cesse tes oreilles : tu ne crois plus voir, autour de toi, que des traîtres toujours prêts à te perdre; chacun ne croit voir dans son voisin qu'un ennemi, qu'un bourreau. Il ne t'est même plus permis de déposer tes craintes et tes allarmes dans le sein d'un ami, qui pourrait devenir, tôt ou tard, ton délateur et ton juge.

L'expression naturelle, dans d'autres temps bien légitime, de tes sentimens pourrait aujourd'hui t'être imputée comme un crime et, comme tel, puni même de mort. Conviens donc, de bonne foi, que tu n'as que la liberté de te dire libre, tandis que tu gémis dans les fers du plus dur esclavage.

Efforce-toi donc, peuple n'aguere si poli et si généreux, à rompre des chaînes criminelles qui te rendent si vil et si odieux à toutes les nations. Reprends ton premier caractere, et tu reprendras tes anciennes vertus. Montre aux yeux de l'univers que tu as été séduit, mais que tu n'es pas entierement corrompu. Le sang de ton roi, victime de son amour pour toi, crie vengeance contre ses bourreaux qui sont encore tes tyrans, et tu restes dans l'inaction ! Mais que dis-je ? l'étendart de l'autel et du trône est arboré dans quelques provinces du royaume ; déjà un peuple innombrable est accouru, de toutes parts, se ranger sous son égide sacrée ; déjà des victoires éclatantes ont signalé son héroïsme et couronné ses exploits ; déjà la seconde ville de la France a également secoué le joug odieux et insupportable des tyrans qui l'oppriment ; déjà la cité maritime du midi a ouvert ses portes à ceux des généreux alliés qui y ont porté la paix, en même temps que l'abondance. Partout enfin fatigué de l'oppression, enivré du sang innocent, après avoir gémi, tu commences à te plaindre. L'Esprit saint a dit, il y a longtemps, *que, lorsque les impies s'em-*

pareraient du gouvernement, *le peuple serait dans les gémissements* (55). Encore un plus grand effort, *peuple français*, et tu seras délivré de cette horde de brigands qui te tyrannisent et te dégradent. *Leve-toi en masse*, non point pour protéger leur empire, mais pour l'anéantir ; non point pour consolider le regne du crime, mais pour rétablir celui de la vertu ; non point pour exposer ta vie, mais pour la conserver. *Rends enfin à César ce que tu dois à César, et à Dieu ce que tu dois à Dieu* (56). Ton roi est au milieu de toi, rends-lui donc son empire ; reconnais pour ton souverain le fils de tant de tes rois, que Dieu, la nature et les loix t'ordonnent de placer sur le trône de ses ancêtres. Que son jeune âge ne soit pas un prétexte pour te dispenser de remplir un devoir si sacré ! *Joas*, qui fut un des plus dignes des rois de Juda, n'avait que *sept ans lorsqu'il commença de regner.* (57) Longtemps après lui, *Josias* n'avait que *huit ans lorsqu'il monta sur le trône. Il fit* cependant toujours, disent les Livres saints, *ce qui était agréable aux yeux du Seigneur; il ne s'écarta jamais, ni à droite ni à gauche, des voies du roi David, son ancêtre* (58) : *il n'y avait jamais eu, et il ne parut pas dans la suite un roi qui fut attaché comme lui au Seigneur, de tout son cœur, de toute son ame et de toutes ses forces, selon la loi de Moïse.* (59)

(55) Prov. 29 2. — (56) Matth. 22·21.
(57) IV Reg. 11-21. — II Paralipom. 24·1.
(58) IV Reg. 22 1. — (59) Ibidem, 23-25.

Il est temps, *peuple français*, que tu ne sois plus effrayé par les menaces et les crimes des tyrans qui t'oppriment. Comme autrefois le peuple de Juda, tu es gouverné par l'usurpation, le sacrilege et la barbarie; comme lui, secoue donc ce joug injuste et tyrannique. Il ne balança pas un instant à reconnaître pour son roi le fils de son ancien souverain. -- *Le Grand Prêtre remit le diadême au jeune Joas, l'oignit et le consacra roi de Juda.* Tout le peuple, à la vue de son prince, *applaudit des mains et s'écria, de toutes parts*, vive le roi! *Il s'empressa d'entourer sa personne sacrée pour lui témoigner, au son des instrumens*, les sentimens de la plus vive alégresse. *Au bruit de de cette auguste cérémonie, l'usurpatrice de la royauté accourt aussitôt au Temple; elle y voit le jeune roi sur le trône, et tout le peuple se livrant à la plus grande joie.* A cette vue, *elle déchire ses vêtemens et crie à la conjuration.* Il fut aussitôt ordonné *de la chasser de cette enceinte et que quiconque le suivrait serait puni de mort.* Mais avant qu'elle n'arrivât à son palais, le peuple ne pouvant contenir sa juste indignation au souvenir de tous les crimes qu'elle avait commis, pour s'emparer de la souveraine puissance, *se précipita sur elle et lui ôta la vie.* (60)

La conduite du peuple de Juda, à l'égard du jeune Joas, doit être aussi la tienne, *peuple français*, à l'égard du jeune LOUIS. Imite

(60) IV Reg. 11-12 &c.

cet empressement à reconnaître un roi légitime : mais n'imite pas ces effets de l'indignation, quoique avec bien plus de sujet sans doute. Ne trempe pas tes mains dans le sang impur des tigres qui s'enivrent depuis si longtemps de celui de tes concitoyens, mais tu dois les mettre dans l'impossibilité de pouvoir en verser encore ; tu dois les empêcher de crier *à la conjuration ! à la conjuration !* ou du moins tu dois rendre inutiles les derniers efforts de ces monstres qui sont les premiers conjurés non-seulement contre le trône, mais même contre le Ciel et la terre ; tu dois les livrer au glaive de la justice, quoiqu'ils te livrent sans ménagement aux fureurs de leur barbarie. Mets l'innocence sur le trône à la place du crime, et les criminels disparaîtront aussitôt. Formé à l'école des malheurs de son vertueux pere, ton jeune monarque en aura les vertus. *La haine et le ressentiment* lui ont été interdits, et les sentiments qu'ils inspirent n'approcheront jamais de son cœur. La justice seule dirigera sa conduite dans la punition du crime, comme dans la récompense de la vertu. Qu'il sera Grand ce jeune roi, lorsque, chargé du poids de la couronne, il suivra les conseils de la reine sa mere ! Cette infortunée princesse, plus Grande par ses malheurs qu'elle ne l'a jamais été par sa puissance, soupire plus pour ton bonheur, *peuple français*, que pour le sien. Les maux qui t'accablent, de toutes parts, font plus souffrir son ame magnanime que tous les genres de supplices que depuis si longtemps on exerce contr'elle. Le pardon qu'elle a déjà accordé à ses assassins de Versailles est un sûr garant de celui qu'elle accordera à un peuple égaré. Elle aura encore *tout vu*, *tout su*, TOUT SOUFFERT, et elle aura *tout oublié*.

Hâte-toi donc, *peuple français*, d'arracher sans délai, des portes de la mort, celle qui intercédera pour qu'on t'accorde la vie. Cours, vole te jeter aux pieds de ton indulgente reine. Si tu ne peux lui rendre son époux, rends-lui du moins son fils. Romps au plutôt ses chaînes, et tu rompras en même temps les tiennes; car tu ne seras véritablement libre toi-même que lorsqu'elle aura recouvré sa liberté. Si jusqu'ici on ne t'a considéré que comme complice aveugle et forcé de tous les crimes des régicides, tu seras désormais regardé comme coupable de ceux qu'ils commettraient encore en ton nom. Ha! épargne donc à la France les terribles fléaux que le Ciel et la terre outragés sont prêts à faire fondre sur elle; oppose-toi ouvertement aux forfaits inouis des monstres qui provoquent sans cesse les vengeances de Dieu, des peuples, et des rois. Des armées innombrables et invincibles entourent de toutes parts notre commune patrie: tu peux la sauver, *peuple français*; il en est temps encore. *A Dieu ne plaise*, *à Dieu ne plaise*, que de nouveaux Joabs *viennent à la tête de leurs armées pour en précipiter la ruine* (61)! ils ne s'en approchent au contraire que

(61) II Reg. 20-20.

pour la délivrer de l'esclavage et exterminer cet hydre épouvantable qui déchire son sein. Ils ne veulent frapper que ces nouveaux *Sébas* qui se sont révoltés contre le David de la France. Comme les habitans d'*Abéla*, livre donc les rebelles, et en prouvant par-là que tu ne veux plus participer à leur rebellion, tu ne seras pas enveloppé dans la punition de tous leurs attentats, et la patrie sera sauvée. (62)

A DIEU.

Grand Dieu, déchirez ce voile ténébreux qui cache depuis si longtemps, *au peuple français*, l'abyme dans lequel il s'est précipité! Dissipez les prestiges qui lui ont fait considérer comme sa félicité ce qui n'a fait que ses malheurs! Montrez-lui toute l'horreur des gouffres qui l'entourent, et prêtez-lui une main secourable pour qu'il puisse s'en éloigner! Vous avez permis son aveuglement pour le punir, éclairez-le, ô mon Dieu! pour qu'il revienne à vous: calmez votre courroux, et regardez-le enfin ainsi que nous avec des yeux de pitié et de miséricorde, après avoir déployé contre nous tous les fléaux de votre justice! Dites encore, comme autrefois *à Moïse*, *j'ai vu l'affliction de mon peuple, j'ai entendu les cris plaintifs que lui fait pousser vers moi la barbarie de ceux qui le dominent; connaissant toute l'étendue de ses maux, je suis venu pour*

(62) II Reg. 20-16 &c.

le délivrer des mains des Égyptiens qui l'oppriment (63). Dites et faites sur-tout comprendre au *peuple français* la vérité de cet avis salutaire que vous donnâtes au peuple juif, également séduit. *O mon peuple! ceux qui disent qu'ils font ton bonheur te trompent et t'égarent dans toutes tes démarches* (64). Intimément convaincus par les sentimens que vous lui inspirerez, plus que par ses propres malheurs, de ses erreurs et de ses fautes, il s'efforcera de les réparer. Laissez-vous enfin fléchir, ô mon Dieu! par les prieres de tant d'ames ferventes qui élevent sans cesse vers vous, dans tout l'univers, leurs supplications et leurs vœux pour le salut du royaume très-chrétien. Vos ministres fideles, exilés de leur patrie pour avoir voulu défendre, au péril même de leur vie, la sainteté de votre religion, vous prient de pardonner à leurs persécuteurs et de les convertir. Quoique errants et fugitifs sur des terres étrangeres, ils se placent journellement *entre le vestibule et l'autel*, et implorent votre clémence. *Pardonnez, Seigneur*, vous disent-ils, *pardonnez à votre peuple et ne permettez pas que votre héritage tombe entierement dans l'opprobre, et qu'il soit dominé par la nation* impie (65). Tous les Français fugitifs, guidés par les sentimens de foi, de justice et d'honneur, animés du même esprit que vos ministre, se réunissent aussi à eux pour désarmer votre bras. Exaucez leurs prieres, ô mon Dieu!

(63) Ex. 3 7. (64) Is. 3·12. (65) Joel, 2·17.

votre gloire et le salut de tant d'ames y sont intéressés. *Purifiés par les châtimens que vous nous avez infligés, nous parlerons à tous les hommes de vos merveilles et de votre puissance.* (66)

TESTAMENT DE LOUIS XVI,

Roi de France et de Navarre.

AU nom de la très-sainte Trinité, du Pere, et du Fils, et du S. Esprit. Aujourd'hui vingt-cinquieme jour de décembre mil sept cens quatre-vingt-douze, moi Louis XVI du nom, roi de France, étant depuis plus de quatre mois renfermé avec ma famille dans la tour du *Temple*, à Paris, par ceux qui étaient mes sujets, et privé de toute communication quelconque, même depuis le onze du courant, avec ma famille; de plus, impliqué dans un procès dont il est impossible de prévoir l'issue, à cause des passions des hommes, et dont on ne trouve aucun prétexte, ni moyens dans aucune loi existante; n'ayant que Dieu pour témoin de mes pensées et auquel je puisse m'adresser, je déclare ici en sa présence mes dernieres volontés et mes sentimens:

Je laisse mon ame à Dieu, mon créateur: je le prie de la recevoir dans sa miséricorde; de ne pas la juger d'après ses mérites, mais par ceux de notre seigneur J. C. qui s'est offert

(66) II Machab. 3-34.

en sacrifice à Dieu son pere, pour nous autres hommes quelqu'indignes que nous en fussions, et moi le premier.

Je meurs dans l'union de notre sainte Mere L'EGLISE CATHOLIQUE, APOSTOLIQUE ET ROMAINE qui tient ses pouvoirs par une succession non-interrompue de *saint Pierre* auquel J. C. les avait confiés.

Je crois fermement, et je confesse tout ce qui est contenu dans le symbole, et les commandemens de Dieu et de l'Eglise, les Sacremens et les mysteres, tels que *l'Eglise catholique* les enseigne, et les a toujours enseignés. Je n'ai jamais prétendu me rendre juge dans les différentes matieres d'expliquer les dogmes qui déchirent l'Eglise de J. C. mais je m'en suis rapporté et rapporterai toujours, si Dieu m'accorde vie, aux décisions que les supérieurs ecclésiastiques, *unis à la sainte Eglise catholique*, donnent et donneront conformément à la discipline de l'Eglise, suivie depuis J. C.

Je plains de tout mon cœur nos freres qui peuvent être dans l'erreur; mais je ne prétends pas les juger, et je ne les aime pas moins tous en J. C. suivant ce que la charité chrétienne nous enseigne. Je prie Dieu de me pardonner tous mes péchés ; j'ai cherché à les connaître scrupuleusement, à les détester et à m'humilier en sa présence. Ne pouvant me servir du ministere d'un *prêtre catholique*, je prie Dieu de recevoir la confession que je lui en ai faite, et sur-tout le repentir profond que j'ai d'avoir mis mon nom (quoique cela fut contre ma volonté) à des actes qui peuvent être contraires à la discipline et à la croyance de *l'Eglise catholique*, à laquelle je suis toujours resté sincerement uni de cœur. Je prie Dieu de recevoir la ferme résolution où je suis, s'il m'accorde vie, de me servir, aussitôt que je le pourrai, du ministere d'un *Prêtre catholique*, pour m'accuser de tous mes péchés et recevoir le Sacrement de pénitence.

Je prie tous ceux que je pourrais avoir offensés par inadvertence (car je ne me rappelle pas d'avoir fait sciemment aucune offense à personne) ou ceux à qui j'aurais pû avoir donné de mauvais exemples, ou des scandales, de me pardonner le mal que je peux leur avoir fait. Je prie tous ceux qui ont de la charité d'unir leurs prieres aux miennes, pour obtenir de Dieu le pardon de mes péchés.

Je pardonne, de tout mon cœur, à ceux qui se sont faits mes ennemis sans que je leur en aie donné aucun sujet, et je prie Dieu de leur pardonner, de même qu'à ceux qui par un faux zele, ou par un zele mal-entendu, m'ont fait beaucoup de mal.

Je recommande à Dieu ma femme et mes enfans, ma sœur et mes tantes, mes freres et tous ceux qui me sont attachés par le lien du sang, ou par quelque autre maniere que ce puisse être. Je prie Dieu particulierement de jeter des yeux de miséricorde sur ma femme, mes enfans et ma sœur, qui souffrent depuis longtemps avec moi; de les soutenir par sa grace, s'ils viennent à me perdre, et tant qu'ils resteront dans le monde périssable.

Je recommande mes enfans à ma femme ; je n'ai jamais douté de sa tendresse maternelle pour eux ; je lui recommande sur-tout d'en faire de bons chrétiens et d'honnêtes hommes, de ne leur faire regarder les honneurs de ce monde-ci (s'ils sont condamnés à les éprouver) que comme des biens dangereux et périssables, et de tourner leurs regards vers la seule gloire solide et durable de l'éternité. Je prie ma sœur de vouloir continuer sa tendresse à mes enfans, et de leur tenir lieu de mere, s'ils avaient le malheur de perdre la leur.

Je prie ma femme de me pardonner tous les maux qu'elle souffre pour moi, et les chagrins que je pourrais lui avoir donnés dans le cours de notre union ; comme elle peut être sure que je ne garde rien contre elle, si elle croyait avoir quelque chose à se reprocher.

Je recommande bien vivement à mes enfans, après ce qu'ils doivent à Dieu, qui doit marcher avant tout, de rester toujours unis entr'eux, soumis et obéissans, et reconnaissans de tous les soins et les peines qu'elle se donne pour eux, et en mémoire de moi. Je les prie de regarder ma sœur comme une seconde mere.

Je recommande à mon fils, s'il avait le malheur de devenir roi, de songer qu'il se doit tout entier au bonheur de ses concitoyens ; qu'il doit oublier toute haine et tout ressentiment, et nommément ce qui a rapport aux malheurs et aux chagrins que j'éprouve ; qu'il ne peut faire le bonheur des peuples qu'en régnant suivant les loix, mais en même temps qu'un roi ne peut les faire respecter qu'autant qu'il a l'autorité nécessaire, et qu'autrement étant lié dans ses opérations, et n'inspirant point de respect, il est plus nuisible qu'utile.

Je recommande à mon fils d'avoir soin de toutes les personnes qui m'étaient attachées, autant que les circonstances où il se trouvera lui en donneront les facultés ; de songer que c'est une dette sacrée que j'ai contractée envers les enfans ou les parens de ceux qui ont péri pour moi et ensuite de ceux qui sont malheureux pour moi.

Je sais qu'il y a plusieurs personnes, de celles qui m'étaient attachées, qui ne se sont pas conduites envers moi comme elles le devaient et qui ont même montré de l'ingratitude ; mais je leur pardonne (souvent dans les momens de trouble et d'effervescence, on n'est pas maître de soi) et je prie mon fils, s'il en trouve l'occasion, de ne songer qu'à leur malheur.

Je voudrais pouvoir témoigner ici ma reconnaissance à ceux qui m'ont montré un attachement véritable et désintéressé. D'un côté, si j'ai été sensiblement touché de l'ingratitude et de la déloyauté de gens, à qui je n'avais jamais témoigné que des bontés, à eux, ou à leurs parens ou amis, de l'autre j'ai eu de la consolation à voir l'attachement et l'intérêt gratuit que beaucoup de personnes m'ont montrés. Je les prie d'en recevoir tous mes remerciemens : dans la situation où sont encore les choses, je craindrais de les compromettre, si je parlais plus explicitement ; mais je recommande spécialement à mon fils de chercher les occasions de pouvoir les reconnaître.

Je croirais calomnier cependant les sentimens de la nation si je ne recommandais ouvertement à mon fils MM. *de Chamilly* et *Hue* que leur véritable attachement pour moi avait portés à s'enfermer avec moi dans ce triste séjour et qui ont pensé en être les malheureuses victimes. Je lui recommande aussi *Cléry* des soins duquel j'ai eu tout lieu de me louer, depuis qu'il est avec moi : comme c'est lui qui est resté avec moi jusqu'à la fin, je prie messieurs de la commune de lui remettre mes hardes, mes livres, ma montre, ma bourse, et les autres petits effets qui ont été déposés au conseil de la commune.

Je pardonne encore très-volontiers, à ceux qui me gardaient, les mauvais traitemens et les gênes dont ils ont cru devoir user envers moi : j'ai trouvé quelques ames sensibles et compatissantes ; que celles-là jouissent dans le cœur de la tranquillité que doit donner leur façon de penser !

Je prie MM. de *Malesherbes*, *Tronchet* et *Deseze* de recevoir ici tous mes remerciemens et l'expression de ma sensibilité, pour tous les soins et les peines qu'ils se sont donnés pour moi. — Fait double à la tour du Temple, le 25 décembre 1792. *Signé* LOUIS.

TABLE

Des différens objets traités dans cet Ouvrage.

FIN.

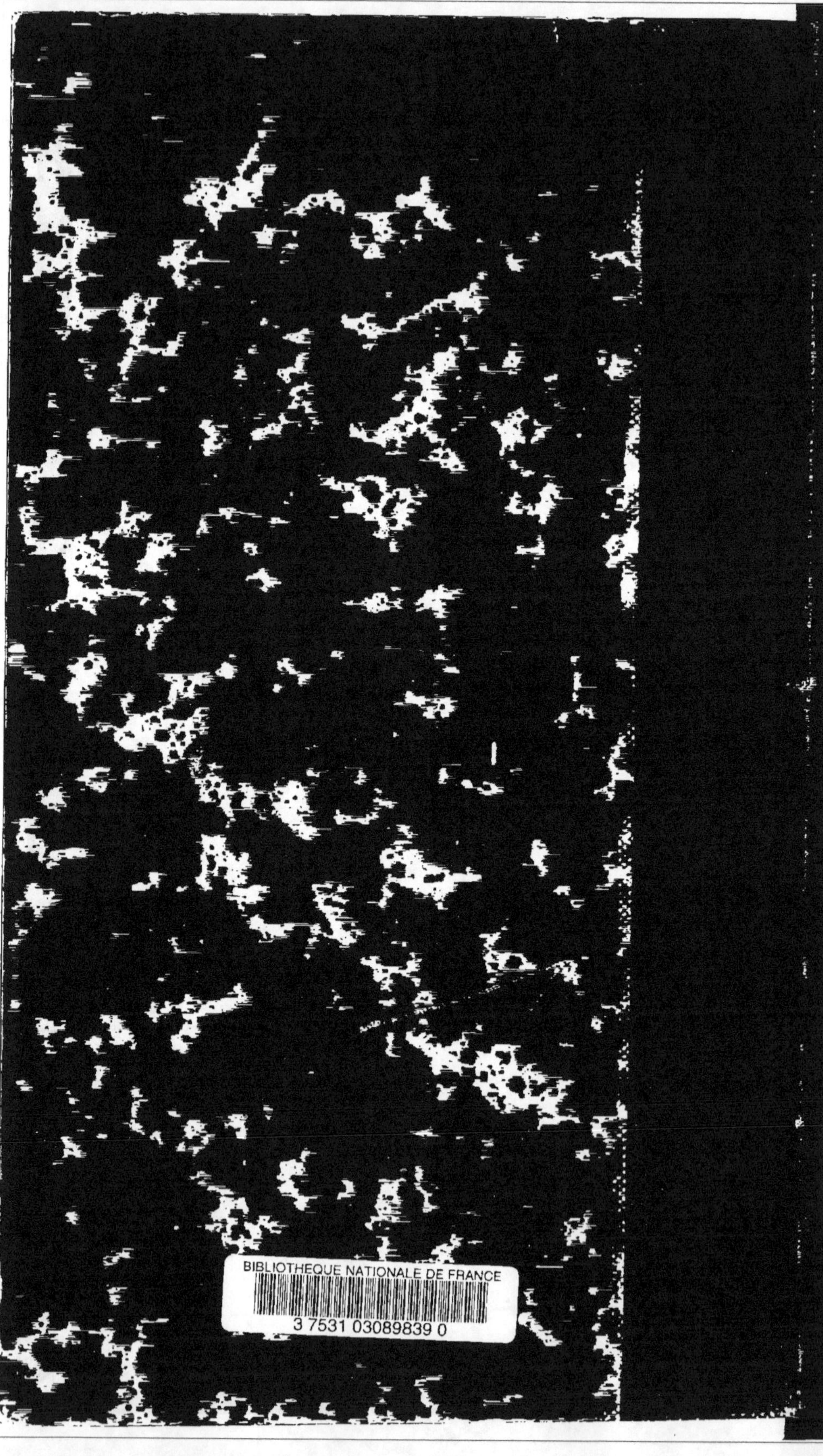
BIBLIOTHEQUE NATIONALE DE FRANCE
3 7531 03089839 0